Faites vous-même

Garde-robe complète

pour poupée en porcelaine de 35 à 38 cm

Petites Filles Modèles

CARPENTIER BACHELET

4, rue Laferrière, 75009 Paris

Faites vous-même Collection dirigée par Marie Perrin

Nous tenons tout particulièrement à remercier Janine Amblard *pour sa collaboration à l'ouvrage.*

Photos: Marie-Josée Delauney.

Vous venez d'acheter cet ouvrage et nous vous en remercions vivement.
Si vous désirez être tenu au courant des publications, il vous suffit d'envoyer vos nom et adresse à:
CARPENTIER-BACHELET Éditeurs, 4, rue Laferrière, 75009 PARIS,
Tél.: (1) 48.78.79.36. FAX: (1) 42.82.91.99.

Dépôt légal: avril 1990
ISBN: 2-906962-10-4
Imprimé en France sur les presses
de l'imprimerie Douriez-Bataille.

Table des matières

Avant-propos

Qui, enfant, n'a rêvé à l'énumération fabuleuse
des trousseaux des petites filles modèles ?

Sans avoir la prétention de remplir quantité de malles et cartons à chapeaux, ces vingt patrons grandeur réelle, inspirés de l'époque de la Comtesse de Ségur vous permettront d'habiller à l'ancienne mode et des pieds à la tête, des poupées de 35 à 38 cm.

Chapeaux, bottines, tabliers, jupons, tenues de ville ou de campagne.
Faites-vous plaisir en faisant revivre Camille,
Madeleine, Marguerite et Sophie.

Généralités

Nous avons regroupé, par souci de simplicité,
les conseils relatifs à tous les modèles,
les opérations concernant le montage proprement dit,
accompagnent les plans et patrons de chaque modèle.

Matériel

C'est celui de la couture, on y retrouve : fil, aiguilles, ciseaux (au besoin machine à coudre).

Tissus

Votre choix se portera plutôt sur des tissus à motifs fins. Avant de découper vérifiez bien que vous en avez suffisamment pour réaliser toutes les pièces de votre modèle. Les tissus utilisés ici sont tout à fait indicatifs et il n'est pas nécessaire que vous retrouviez exactement les mêmes.

Découpe

Tous les plans étant reproduits échelle grandeur pour modèles standard*, les imprécisions de report sont réduites à leur minimum.

Attention : le tracé des patrons représente le contour des pièces à couper, coutures comprises.
La plupart des patrons ne sont reproduits qu'à moitié (trait d'axe) (—·—·—). Il suffit de plier le tissu en deux suivant ce trait avant de le découper, et de l'épingler sur le demi-patron en respectant le droit fil.

Assemblage

Presque tous les assemblages se font à l'envers au moyen de coutures simples ou anglaises.

La plupart de ces opérations peuvent être laissées toutefois à l'initiative du lecteur, pourvu que les assemblages soient les plus discrets possibles. Les pièces cousues sont ensuite retournées dans le bon sens après l'assemblage.

Accessoires

Chaque tenue peut être complétée d'accessoires ou d'éléments complémentaires comme des chaussures par exemple ou des ceintures.

---

*Modèles standard de 35 à 38 cm selon la manière dont elles sont montés (tour de poitrine : 19 cm, épaules : 10 cm, tour de hanches : 19,5 cm).

« Dessous sages »

La chemise

Fournitures

Percale blanche : 40 x 15 cm
Dentelle : 100 cm

Réalisation

1 - Couper les pièces du patron, prévu coutures comprises.
2 - Assembler les épaules puis les côtés par une couture anglaise.
3 - Rentrer 2 cm de chaque côté du milieu du dos pour les boutonnières et les boutons.
4 - A l'endroit, sur un tout petit rentré, monter la dentelle autour de l'encolure et des manches.
5 - Terminer par l'ourlet du bas.

—·—·— trait d'axe

– – – – – – couture anglaise

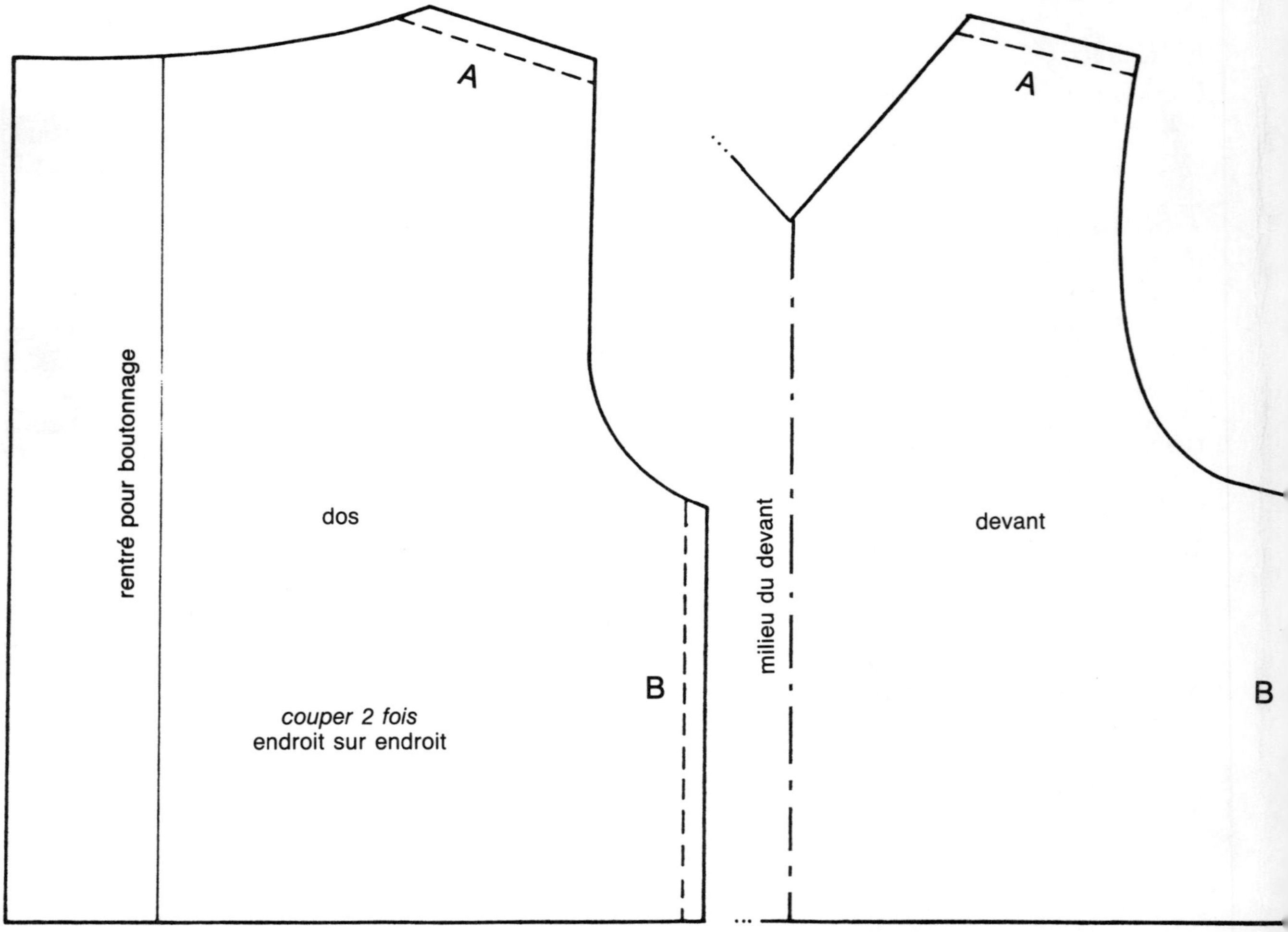

Le pantalon

Fournitures

Percale blanche : 45 x 25 cm.
Le reste de dentelle.
Elastique 15 cm.

Réalisation

1 - Couper 2 fois le tissu plié.
2 - Monter la dentelle à l'endroit, sur un petit rentré.
3 - Poser un extra fort sur chaque jambe.
4 - Assembler et coudre les jambes et l'entrejambe.
5 - Faire un ourlet à la taille.
6 - Passer les élastiques dans l'ourlet de la taille et sous l'extra-fort.

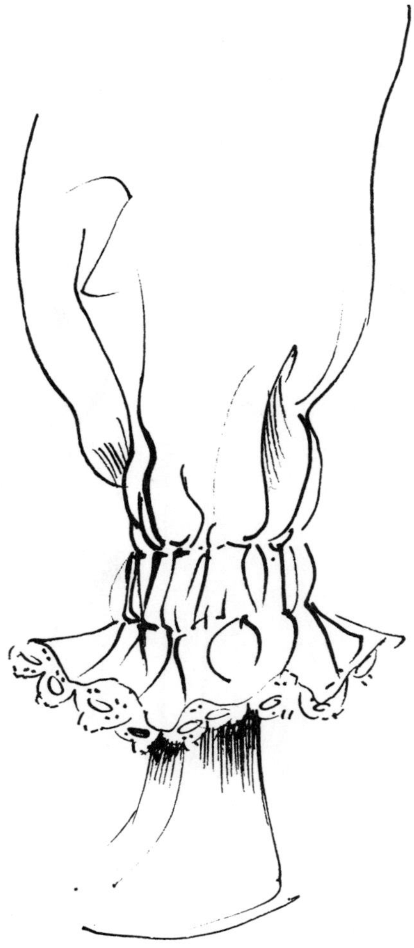

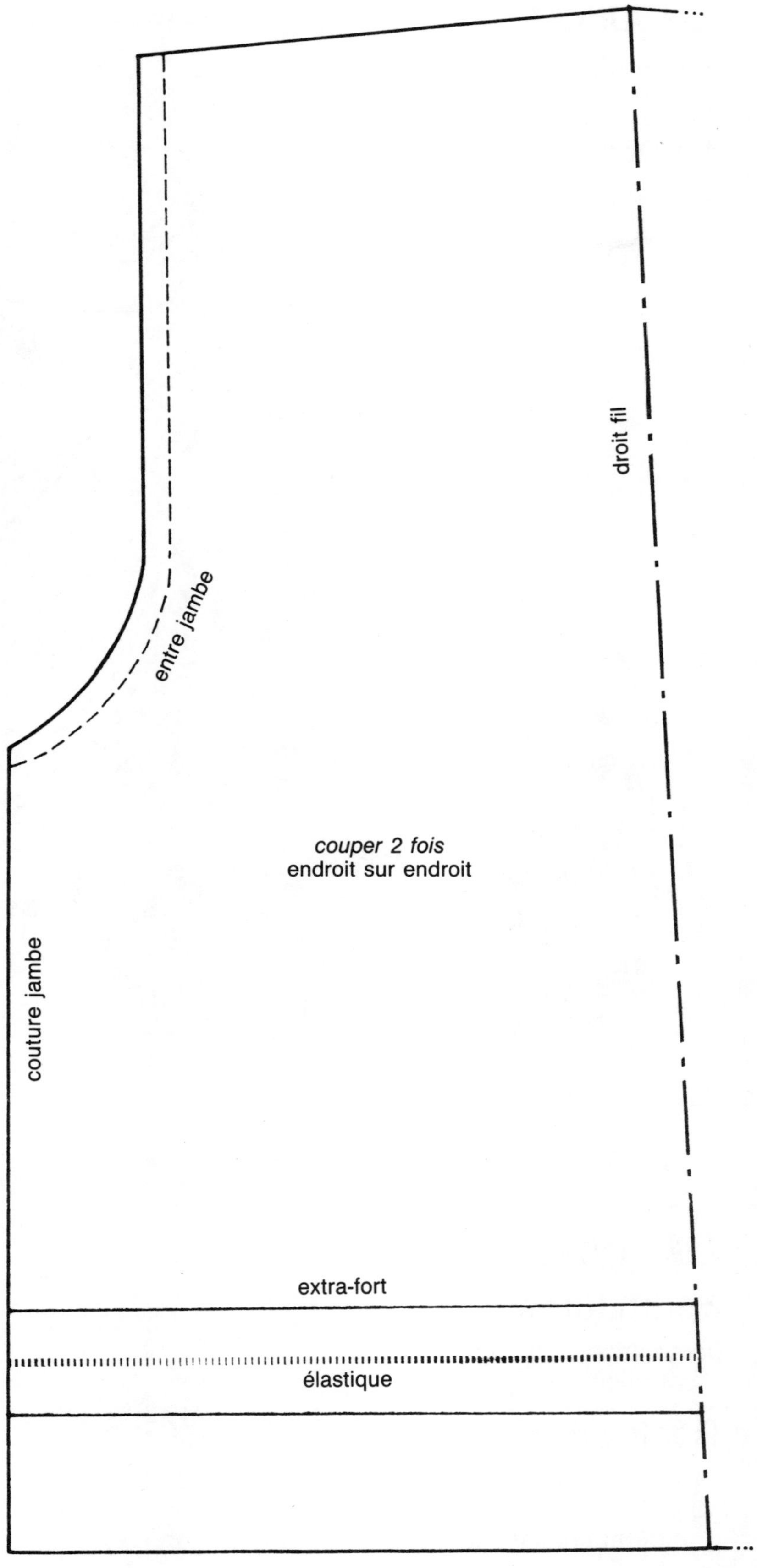

Le jupon

Fournitures

Broderie anglaise : 75 x 20 cm.
Elastique : 15 cm.

Réalisation

1 - Couper un rectangle de 75 x 20 cm.
2 - Coudre le dos.
3 - Faire un ourlet en haut.
4 - Passer l'élastique.

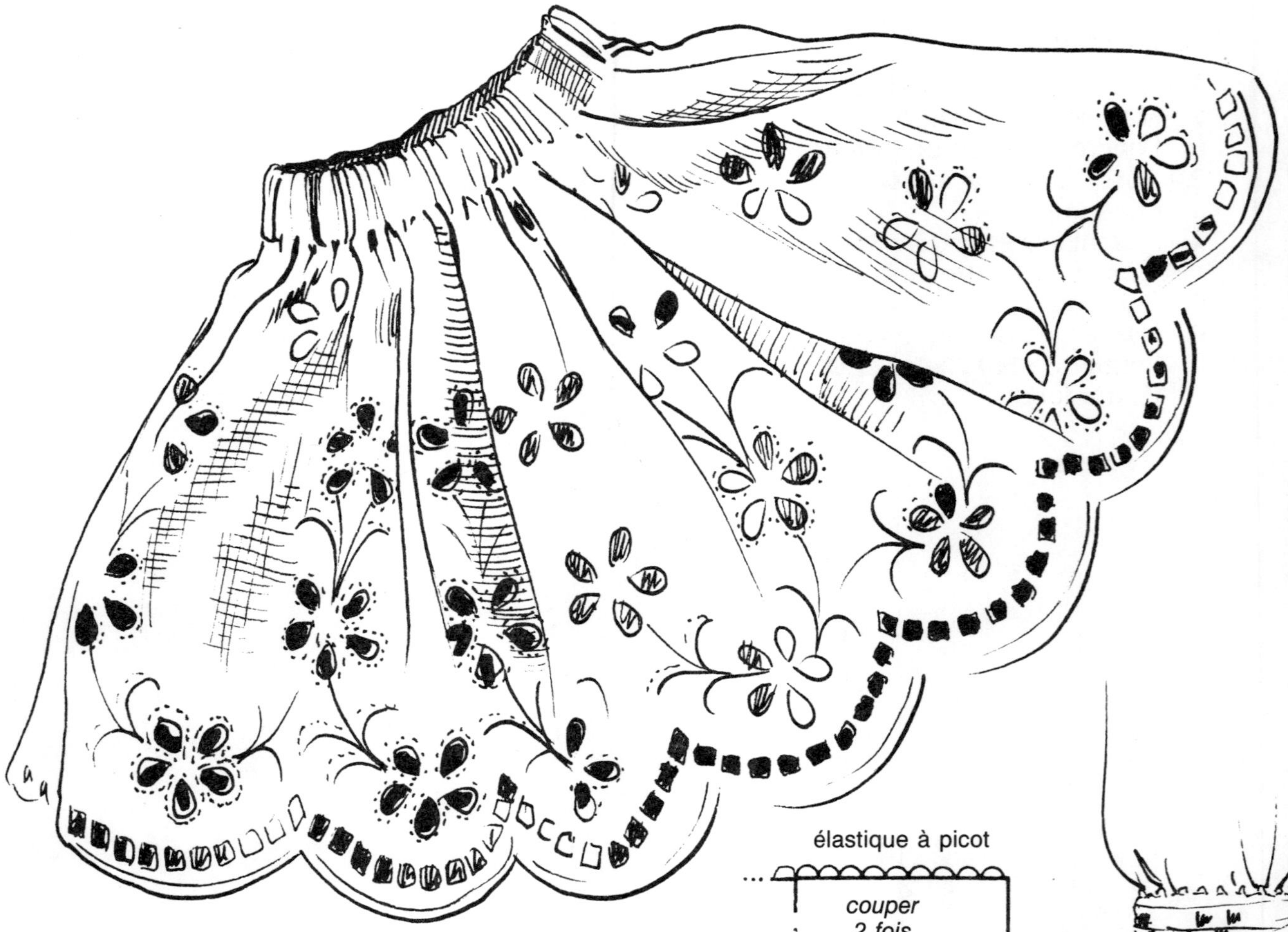

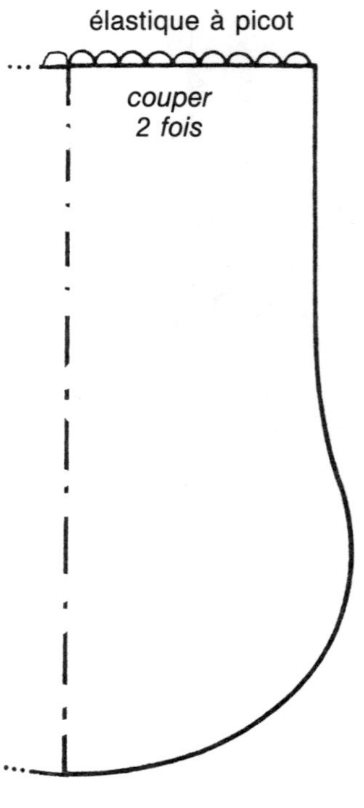

Les chaussettes

Fournitures

Jersey blanc : 12 x 8 cm.
Picot élastique.

Réalisation

1 - Couper 2 fois selon le patron.
2 - Fixer l'élastique à picot en haut et coudre le reste de la chaussette.

« Bonne nuit »

Fournitures

Percale rose : 60 cm x 90 cm
Picot blanc : 125 cm

La chemise de nuit

Réalisation

1 - Couper le dos et le devant sur le tissu plié.
2 - Echancrer davantage le devant.
3 - Faire une fente pour la patte de boutonnage.
4 - Froncer le haut du dos sur 12 cm et du devant sur 2 fois 6 cm.
5 - Coudre les épaules du dos et du devant en A.
6 - Assembler le haut et le bas en B.
7 - Froncer le haut des manches les monter sur les emmanchures en C, les coudres en soutenant.
8 - Finir les poignets.
9 - Piquer l'ensemble en partant du poignet pour terminer à la hauteur de l'ourlet.
10 - Ourler.
11 - Coudre le picot à l'encolure, au bas des manches et au bas de la chemise.
12 - Froncer solidement le bas des manches.

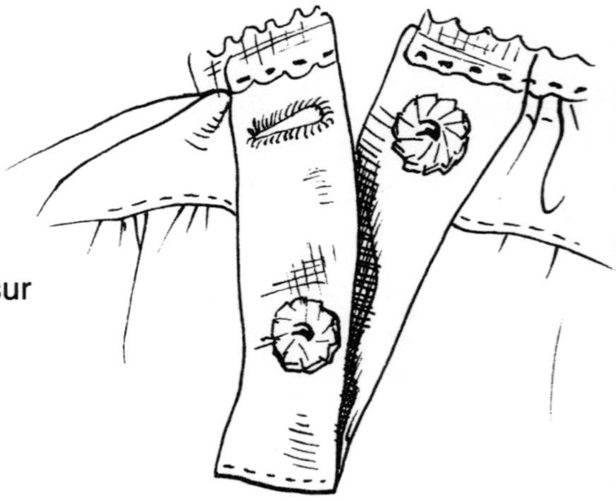

patte de boutonnage

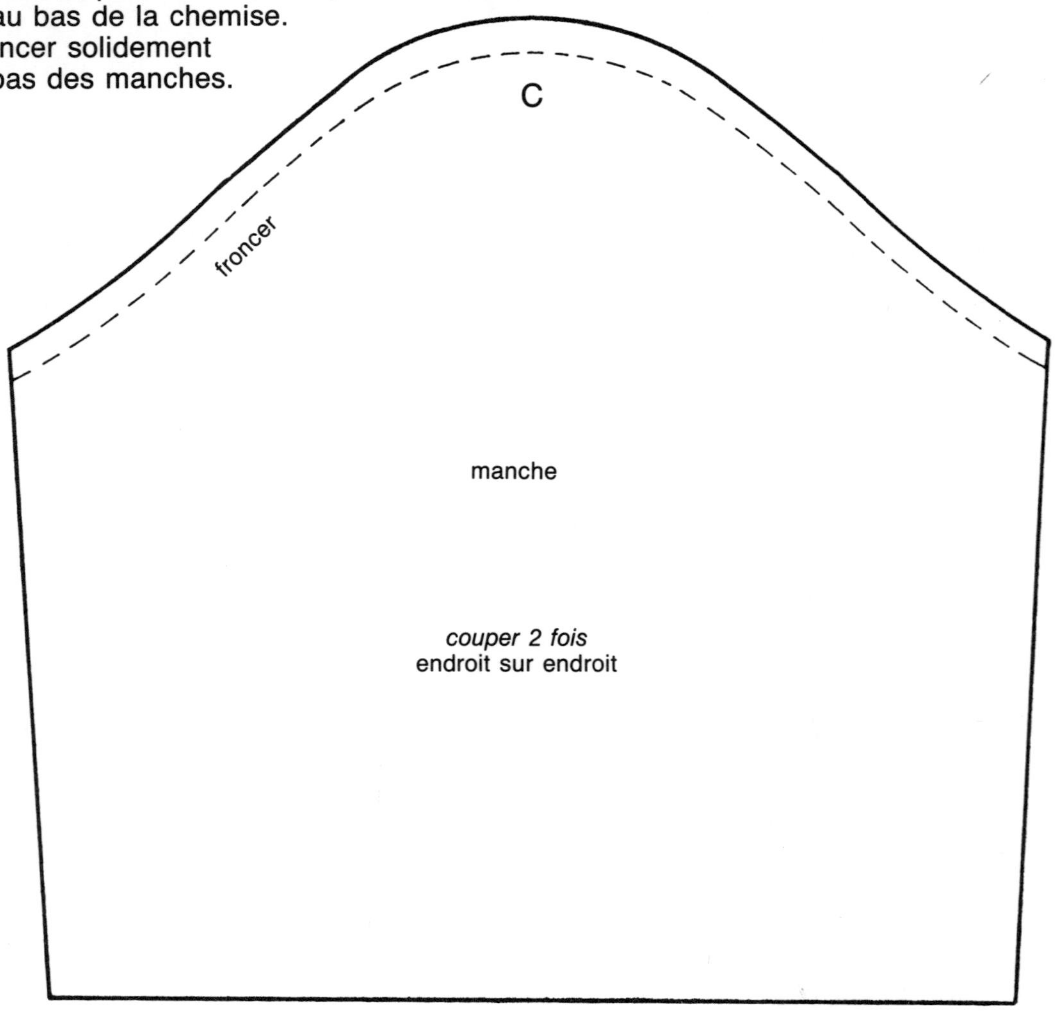

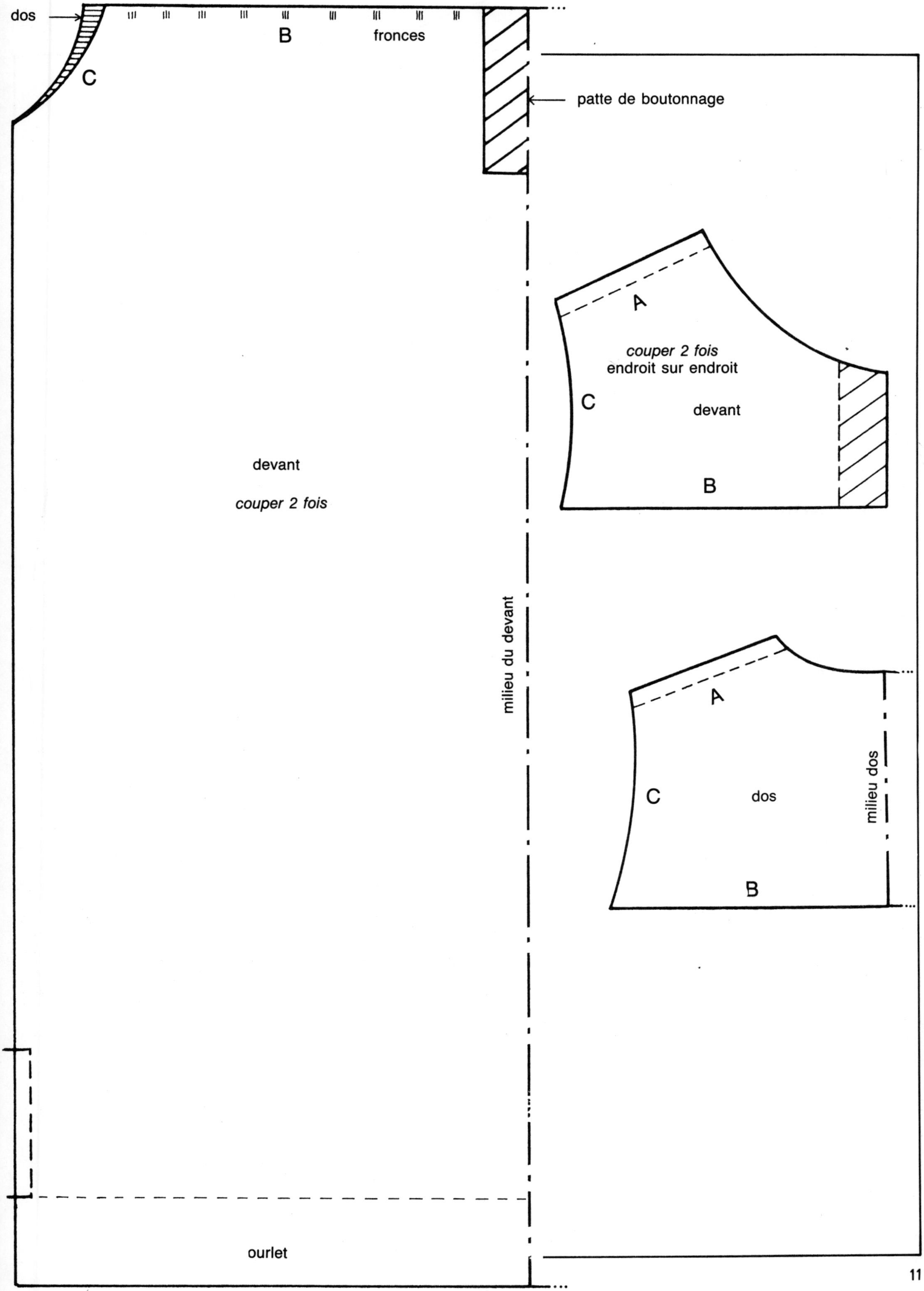
dos
C
B
fronces
patte de boutonnage
devant
couper 2 fois
milieu du devant
ourlet
A
couper 2 fois
endroit sur endroit
C
devant
B
A
C
dos
milieu dos
B

La charlotte

Fournitures

Le reste de percale rose

Réalisation

1 - Couper 2 fois envers contre envers.
2 - Assembler et coudre suivant le patron.
3 - Ouvrir une épaisseur au fond pour passer l'élastique.

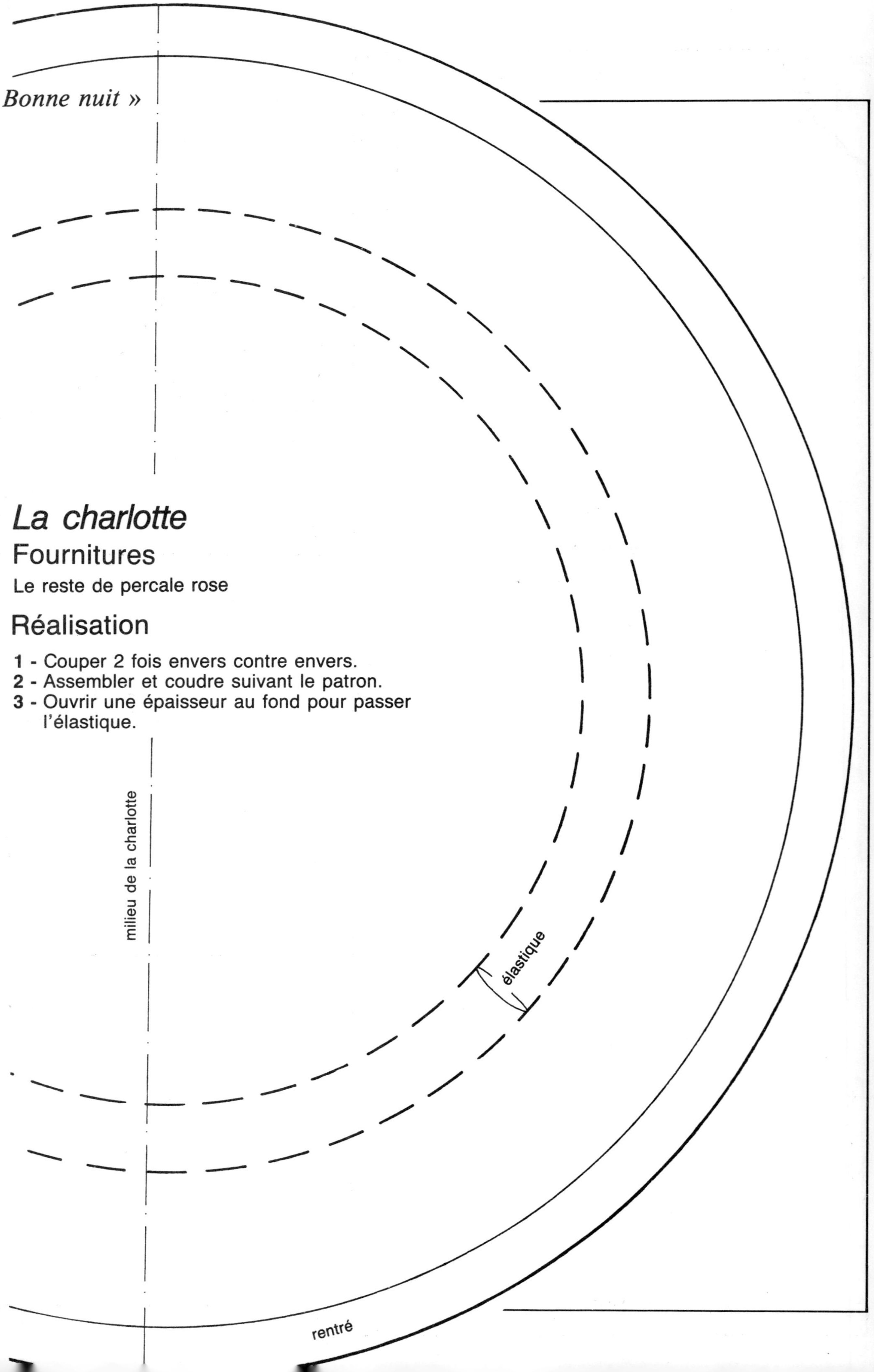

« Dimanche chez Grand-mère »

La robe bleue

Fournitures

Taffetas moiré bleu : 25 x 120 cm.
Dentelle pour le bas des manches 40 cm.
Biais pour l'encolure : 15 cm.
Broderie anglaise : 70 x 3 cm.
2 boutons-pression.

Réalisation

1 - Couper les pièces du corsage.
2 - Coudre les épaules(A).
3 - Faire un rentré dans le dos pour le boutonnage.
4 - Froncer le haut des manches et les fixer sur l'emmanchure en soutenent (B).
5 - En bas des manches, faire un petit rentré à l'endroit, et coudre la dentelle.
6 - Faire la couture sous les bras en partant du poignet et en arrivant à la taille.

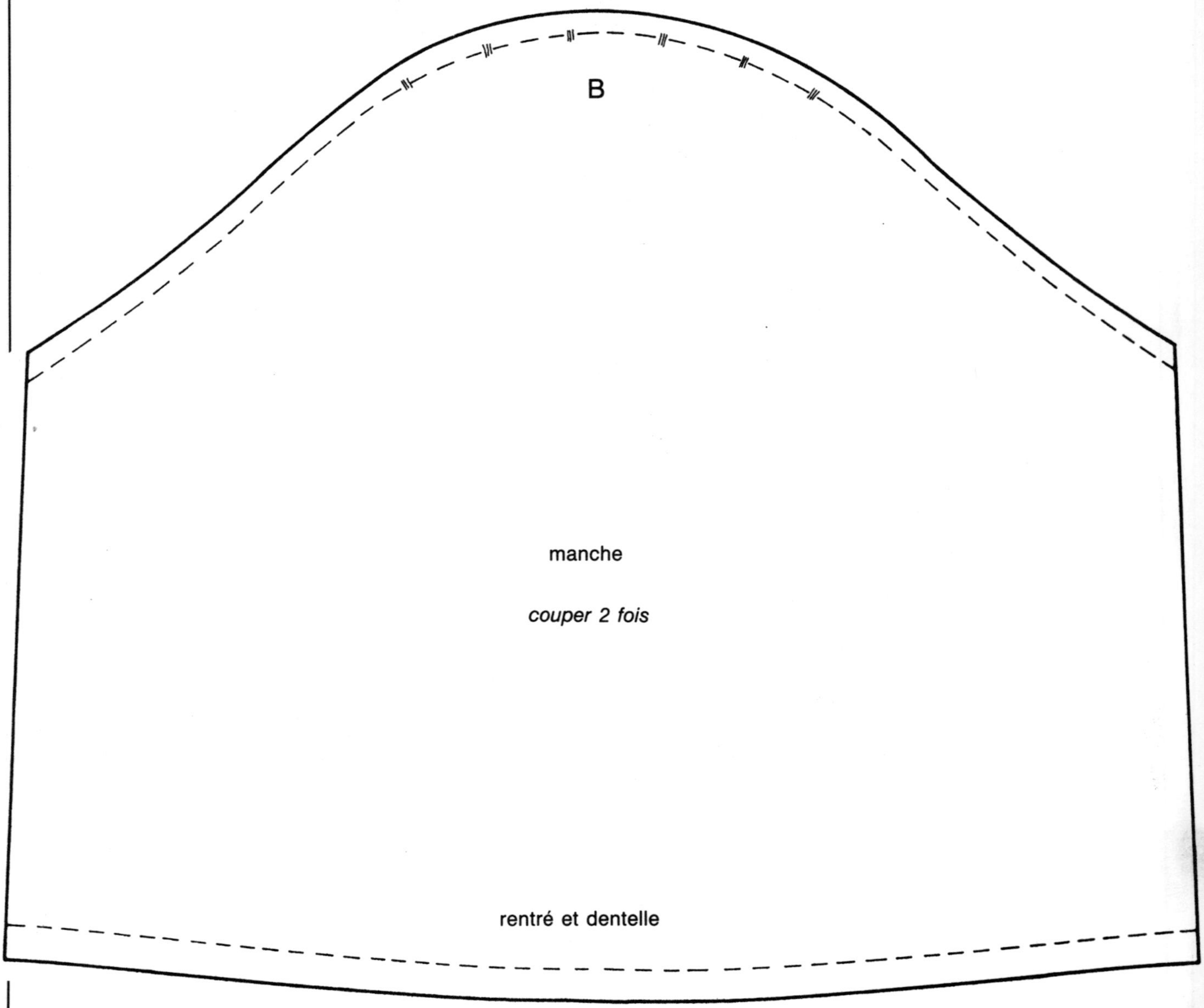

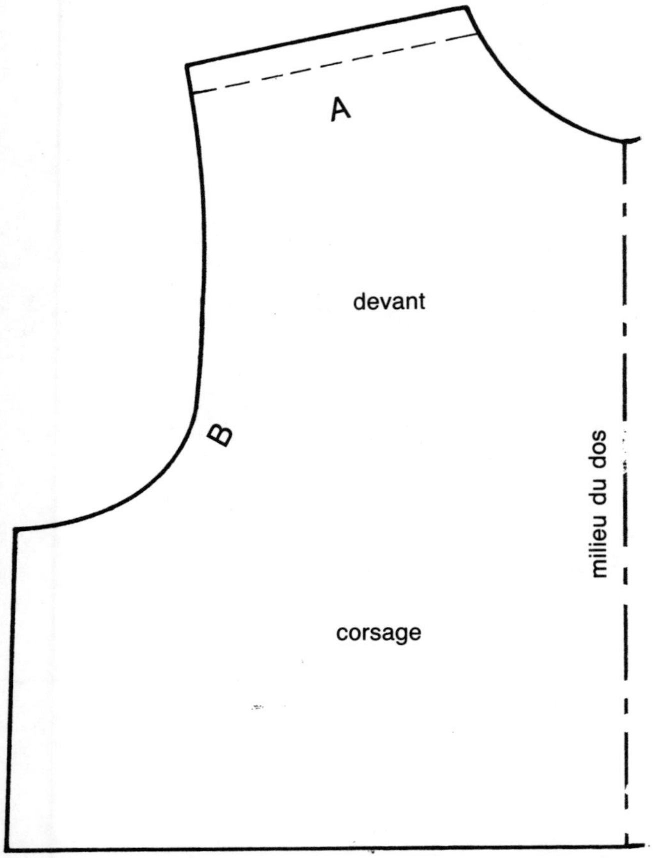

7 - Froncer solidement le bas des manches.

8 - Pour la jupe couper un rectangle de 70 x 21 cm.

9 - Coudre le milieu du dos en laissant une ouverture de 4,5 cm.

10 - Faire un ourlet de 3 cm et appliquer la broderie anglaise.

11 - Monter la jupe sur le corsage.

12 - Monter et coudre le biais d'encolure.

13 - Coudre les boutons-pression à l'encolure et à la taille.

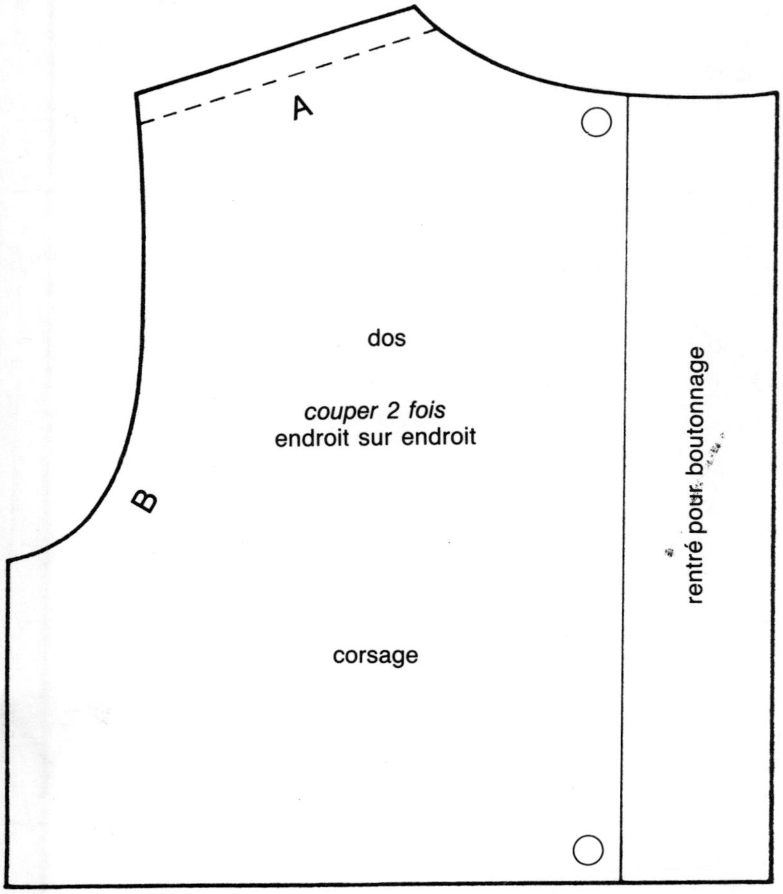

La ceinture

Fournitures et réalisation

Couper une bande de taffetas de 90 cm de long sur 6 cm de large. Plier et coudre sur toute la longueur. Retourner. Repasser et terminer les pointes à la main.

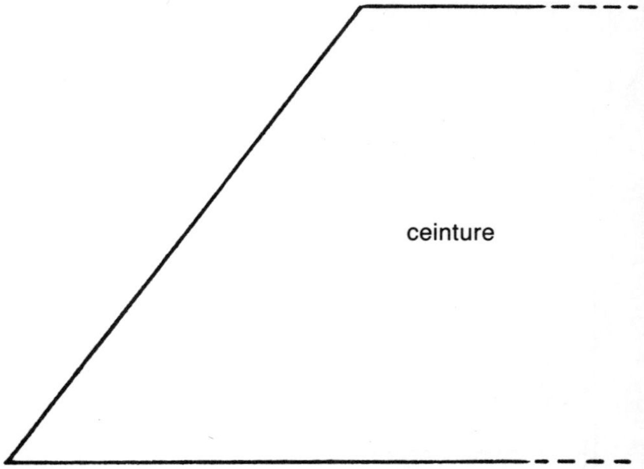

La collerette

Fournitures

Broderie anglaise de préférence assortie au bas de la robe : 45 x 5 cm.
Ruban de satin blanc de 0,6 cm de large : 24 cm.

Réalisation

Froncer le haut de la broderie sur 14 cm répartir les fronces et les fixer solidement. Piquer les bords et fixer le ruban de fermeture.

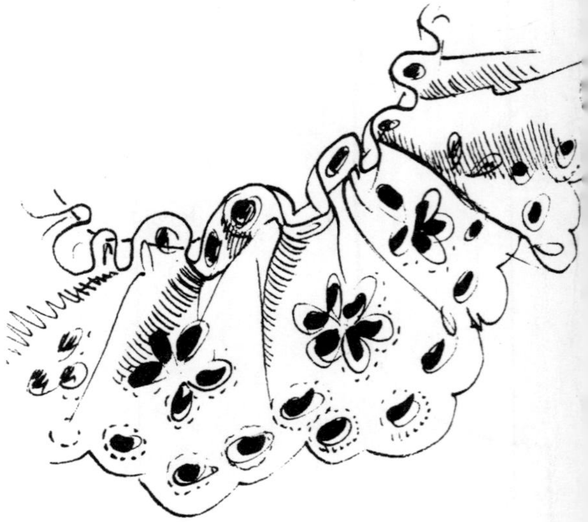

Les bottines

Fournitures

Simili cuir ou moleskine : 8 x11 cm.

Réalisation

Couper 2 fois le simili plié selon le patron.
Couper les semelles, assembler la semelle et le corps de la bottine en partant de la pointe du pied en A, coudre jusqu'en B le corps de la bottine, retourner.
Faire passer un gros coton blanc comme lacet.

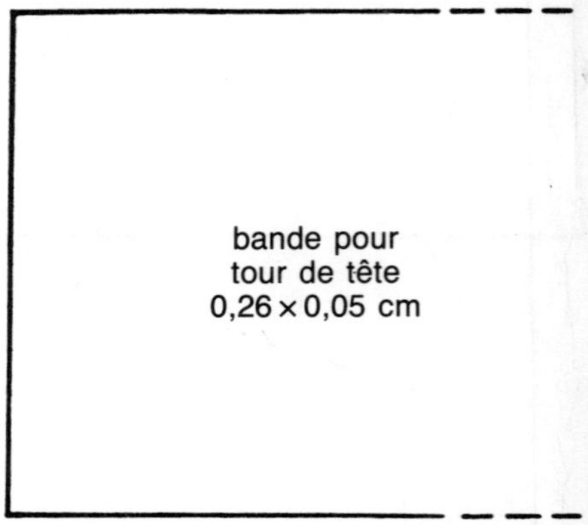

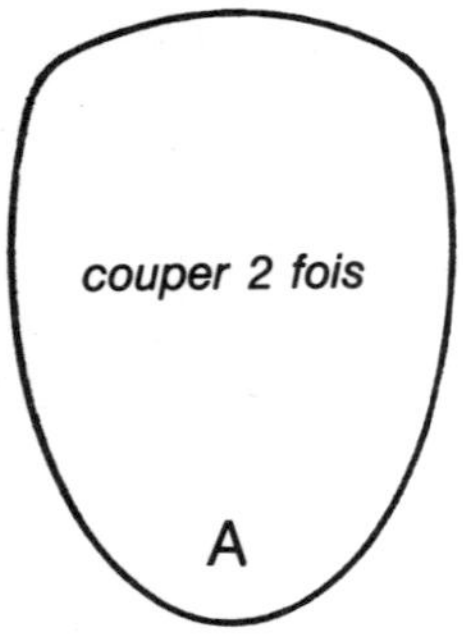

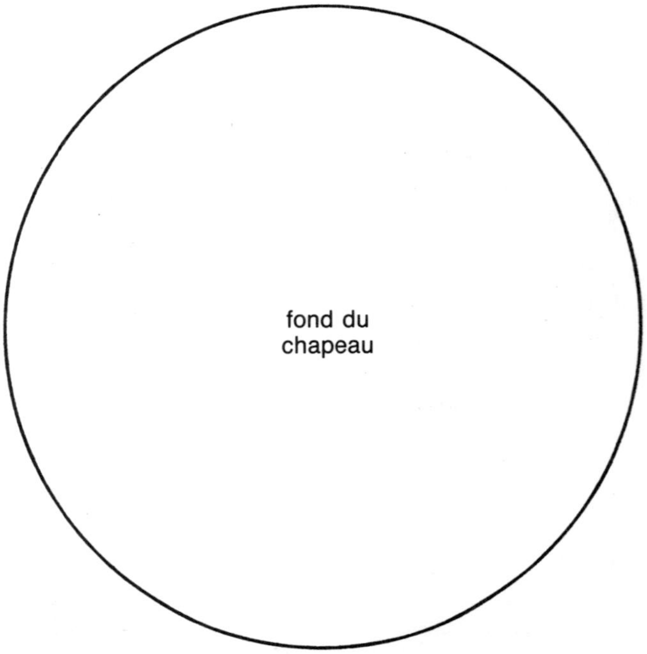

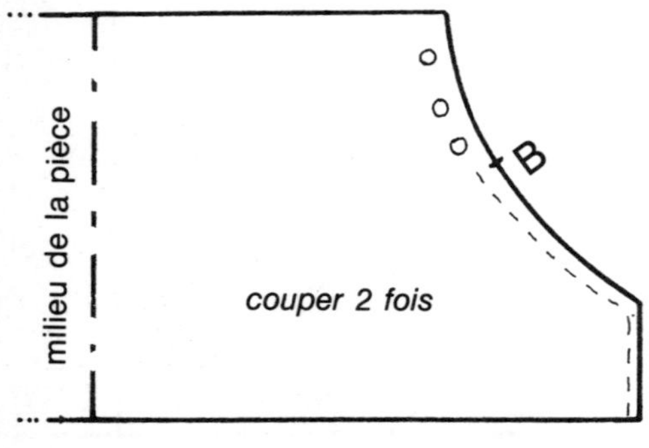

Le chapeau

Le modèle présenté est en paille mais il peut aussi être confectionné en tissu.

Fournitures

Paille à chapeau en vente dans un magasin de fourniture pour modiste ou 25 x 25 cm de tissu.
Toile tailleur 25 x 25 cm.
Biais blanc : 50 cm.
Ruban : 75 cm.

Réalisation

1 - Après avoir coupé le bord suivant le patron, ouvrir le dos puis assembler par une couture pour donner la forme.
2 - Cranter largement autour du rond intérieur.
3 - Coudre la bande et la placer en rond sur les crans.
4 - Assembler le fond avec le haut de la bande.
5 - Placer un biais blanc tout autour du chapeau.
6 - Coudre la paille à point d'ourlet en juxtaposition tour après tour en suivant la forme, ou faire sur le tissu des piqûres espacées d'un cm.
7 - Doubler.
8 - Poser le ruban et un petit bouquet.

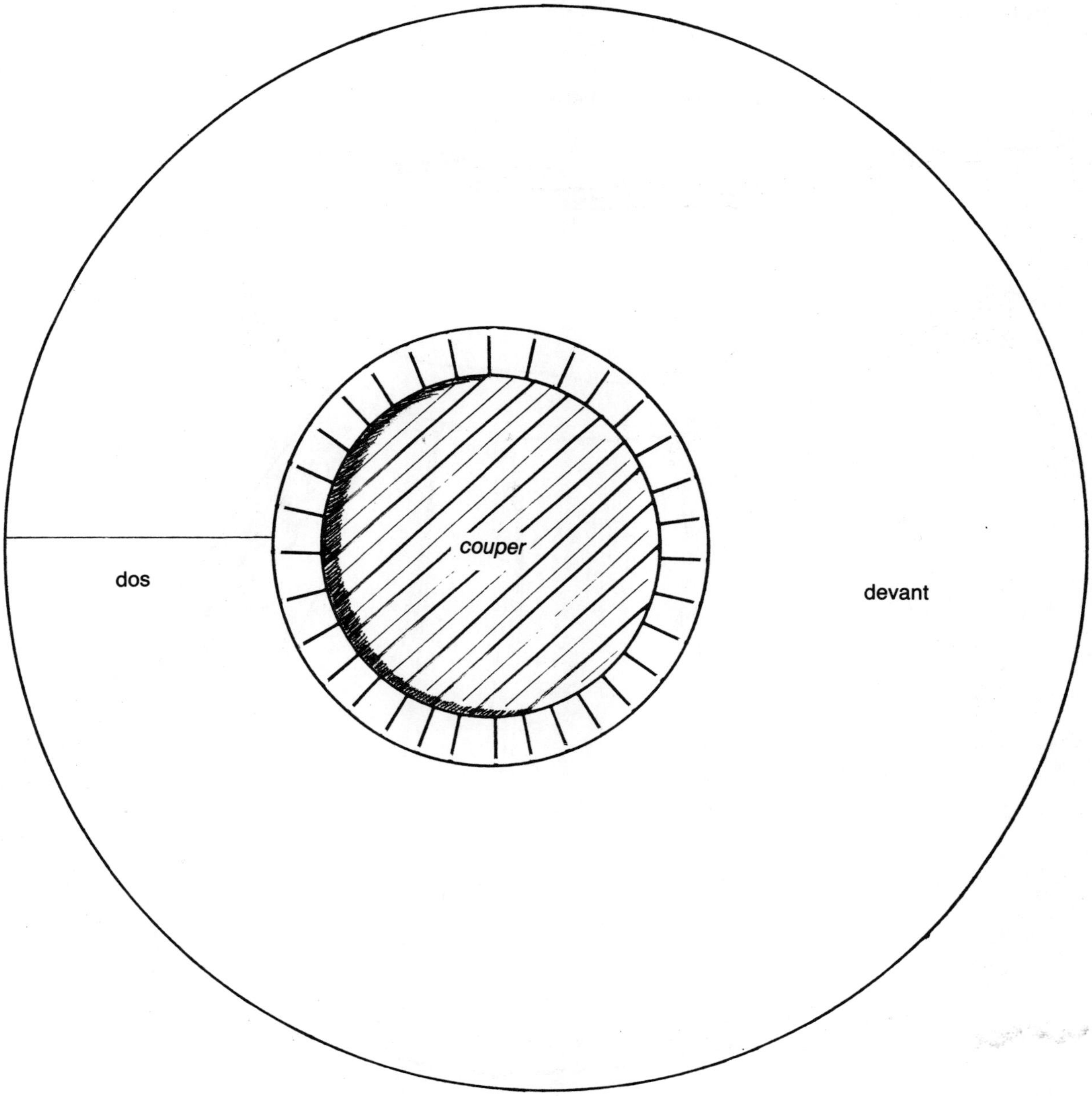

Le tablier blanc

Fournitures

Percale blanche 25 x 90 cm.
Galon : 60 cm.

Réalisation

1 - Couper 2 rectangles de 17 × 33 cm pour le tablier et de 83 × 6 cm pour la ceinture.
2 - Préparer la taille suivant schéma.
3 - Ourler les 3 côtés du tablier.
4 - Faire un petit ourlet tout autour de la ceinture.
5 - Plier ensuite en 2 et coudre en fermant sur la taille.
6 - Piquer le galon.

vue en coupe des plis, échelle : 1

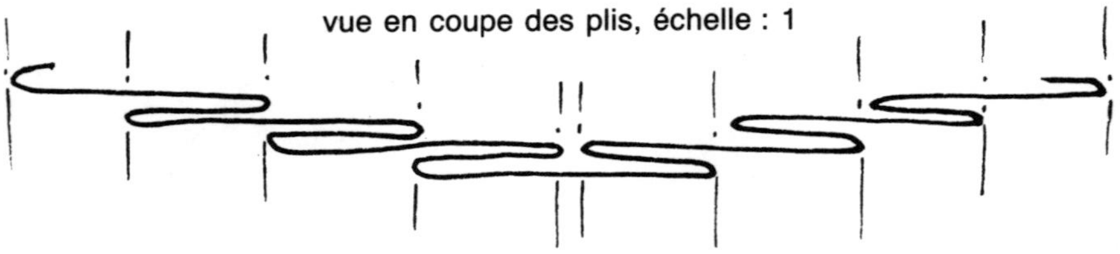

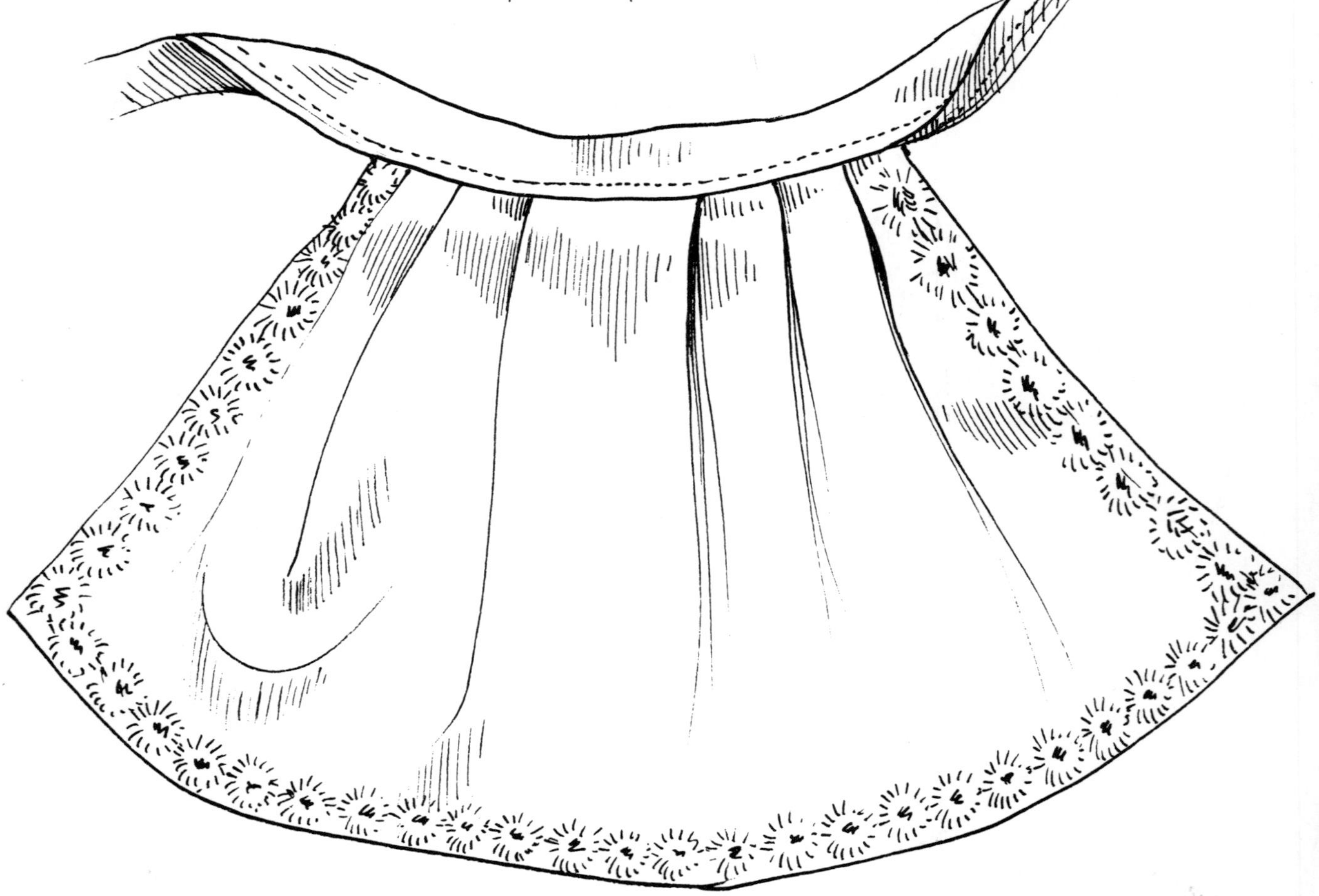

« Goûter en ville »

La robe rayée

Fournitures

Tissu soyeux rayé : 110 x 50 cm.
Ruban de satin : 35 cm.

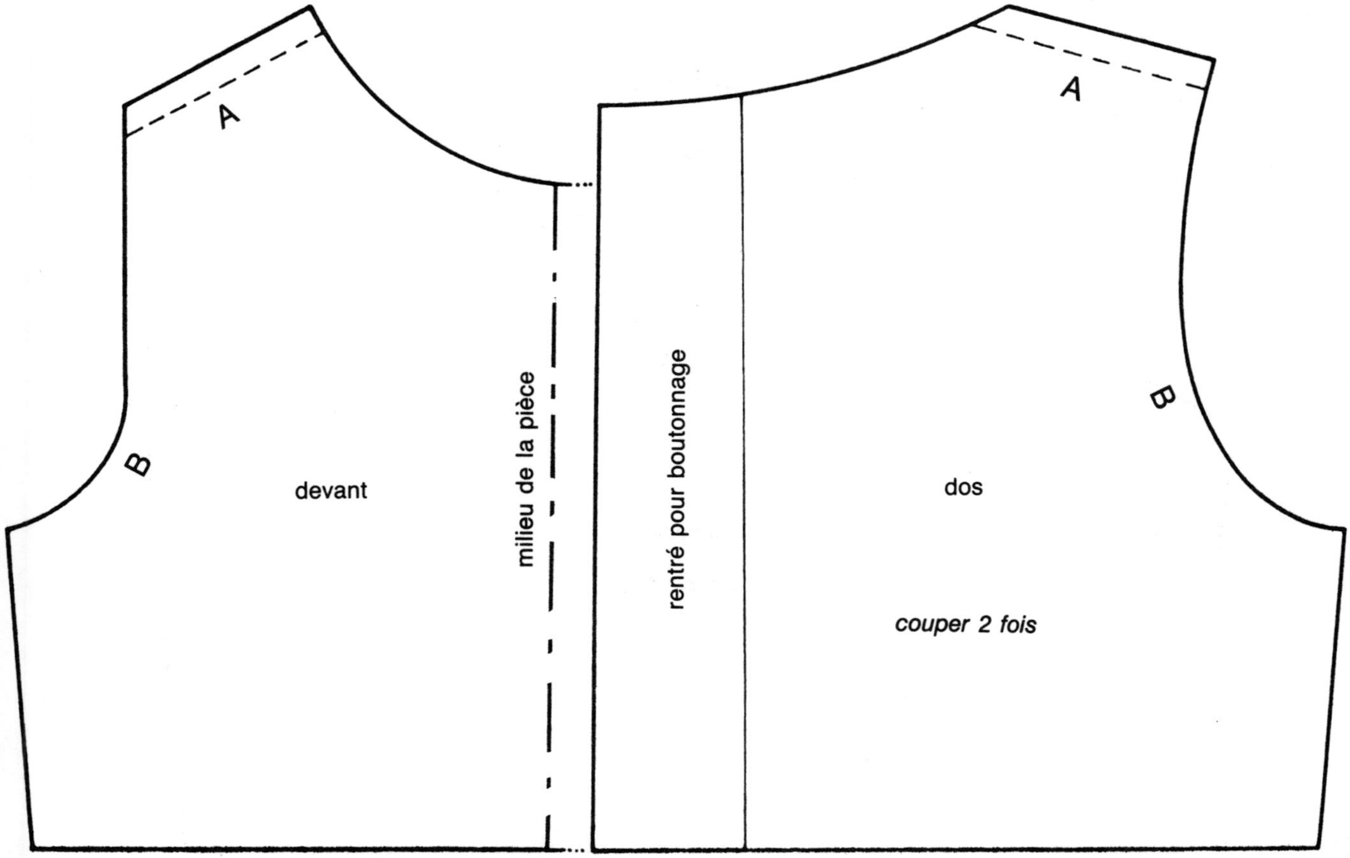

Réalisation

Couper les pièces du corsage et les assembler.

1 - Coudre les épaules en A.
2 - Faire un rentré pour le boutonnage.
3 - Monter le col et les poignets.
4 - Coudre les manches sur l'emmanchure en soutenant.
5 - Coudre le dessous des manches en partant du poignet et en terminant à la taille.
6 - Couper un rectangle de 85 x 21 cm.
7 - Coudre le milieu du dos en laissant une ouverture de 4,5 cm.
8 - Faire un ourlet de 3 cm et froncer la taille.
9 - Assembler et coudre le corsage et la jupe endroit contre endroit, retourner.

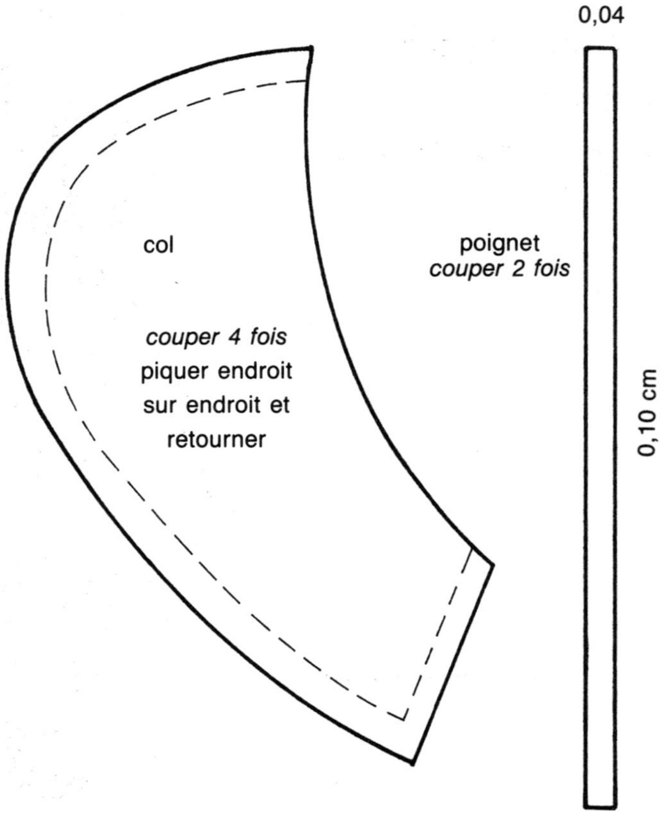

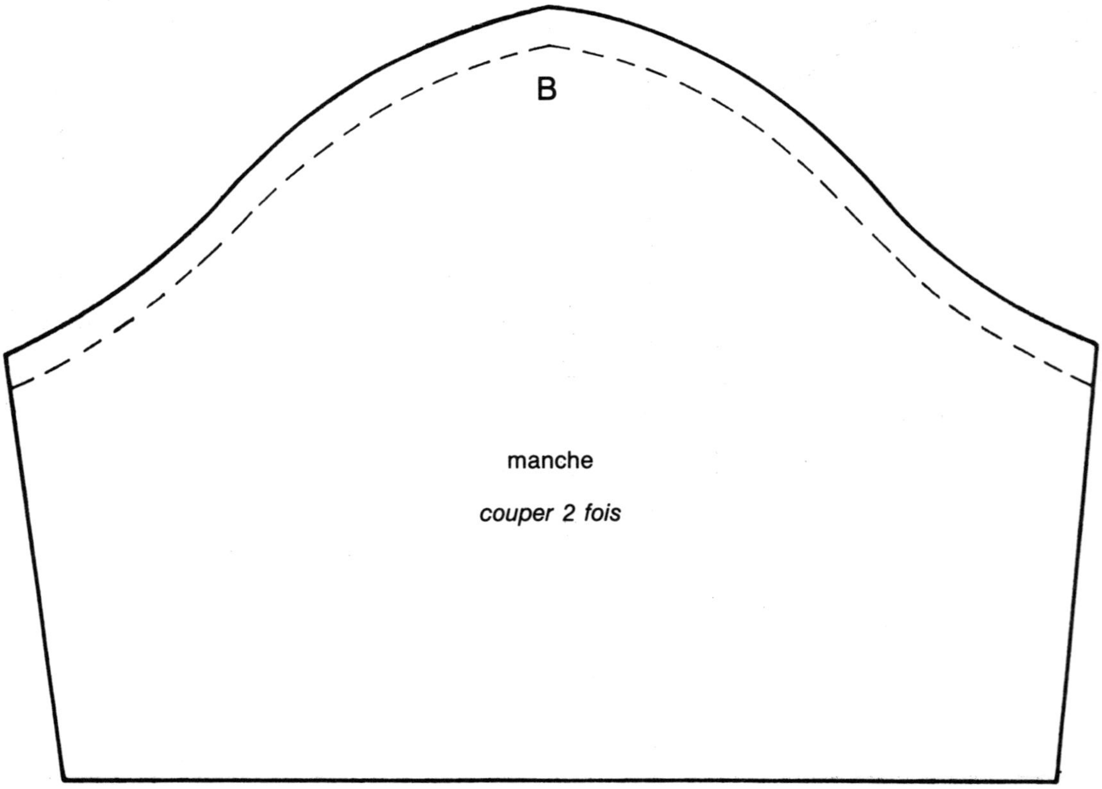

Le volant

Couper deux bandes de tissu de 70 x 6 cm et coudre bout à bout puis, sur toute la longueur — retouner et bien repasser cette bande de 140 cm en écrasant la couture au milieu. Rentrer les deux extrémités l'une dans l'autre. Coudre et froncer le volant par le milieu. L'appliquer sur l'ourlet de la robe et le piquer par le milieu.

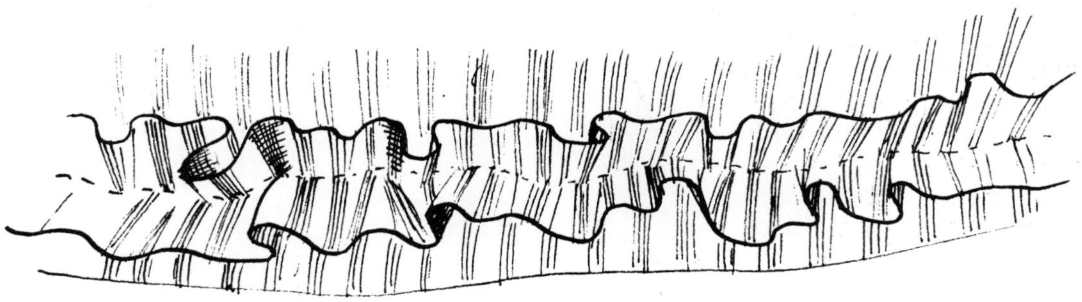

La ceinture

Couper un rectangle de 88 x 6 cm, ouvrir finement le bord, repasser et fermer la ceinture par un point de chausson sur une longueur de 14 cm à partir du milieu.

Nœud de Satin

Préparer un tour de cou, fixer une agrafe aux extrémités. Placer dessus un petit nœud cousu non centré, afin que l'agrafe ne soit pas située au milieu du dos.

Les bottines hautes

Fournitures :

Simili cuir ou moleskine 30 x 7 cm.

Réalisation

Procéder de la même manière qu'en page 16.

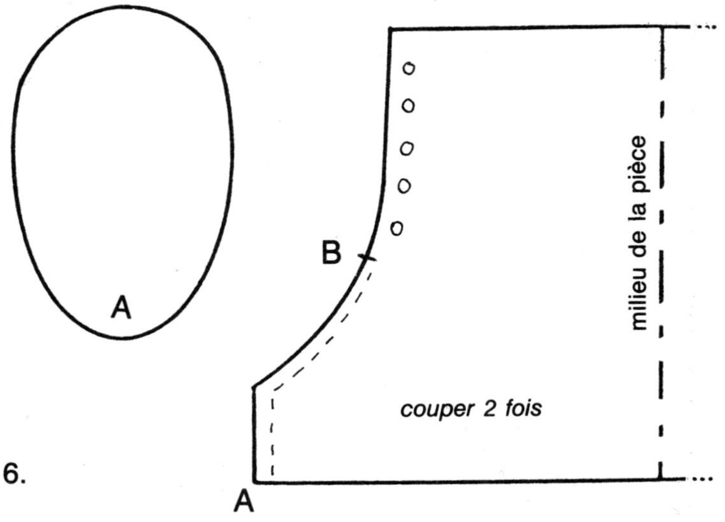

Le bolero

Fournitures

Tissu rayé ou en harmonie avec la robe : 110 x 25 cm.
2 agrafes.

Réalisation

1 - Couper la pièce (1) 2 fois sur le tissu plié.
2 - Ouvrir le milieu devant.
3 - Coudre endroit contre endroit l'encolure, le devant et les emmanchures.
4 - Laissez le bas du devant et du dos libre.
5 - Retourner — repasser — piquer et repasser légèrement selon le shéma.
6 - Couper les basques (2) 4 fois.
7 - Piquer 2 par 2 endroit contre endroit.
8 - Retourner et repasser.
9 - Fixer par une couture sur le bas du boléro en A et B en laissant un cm en C libre pour l'emmanchure.

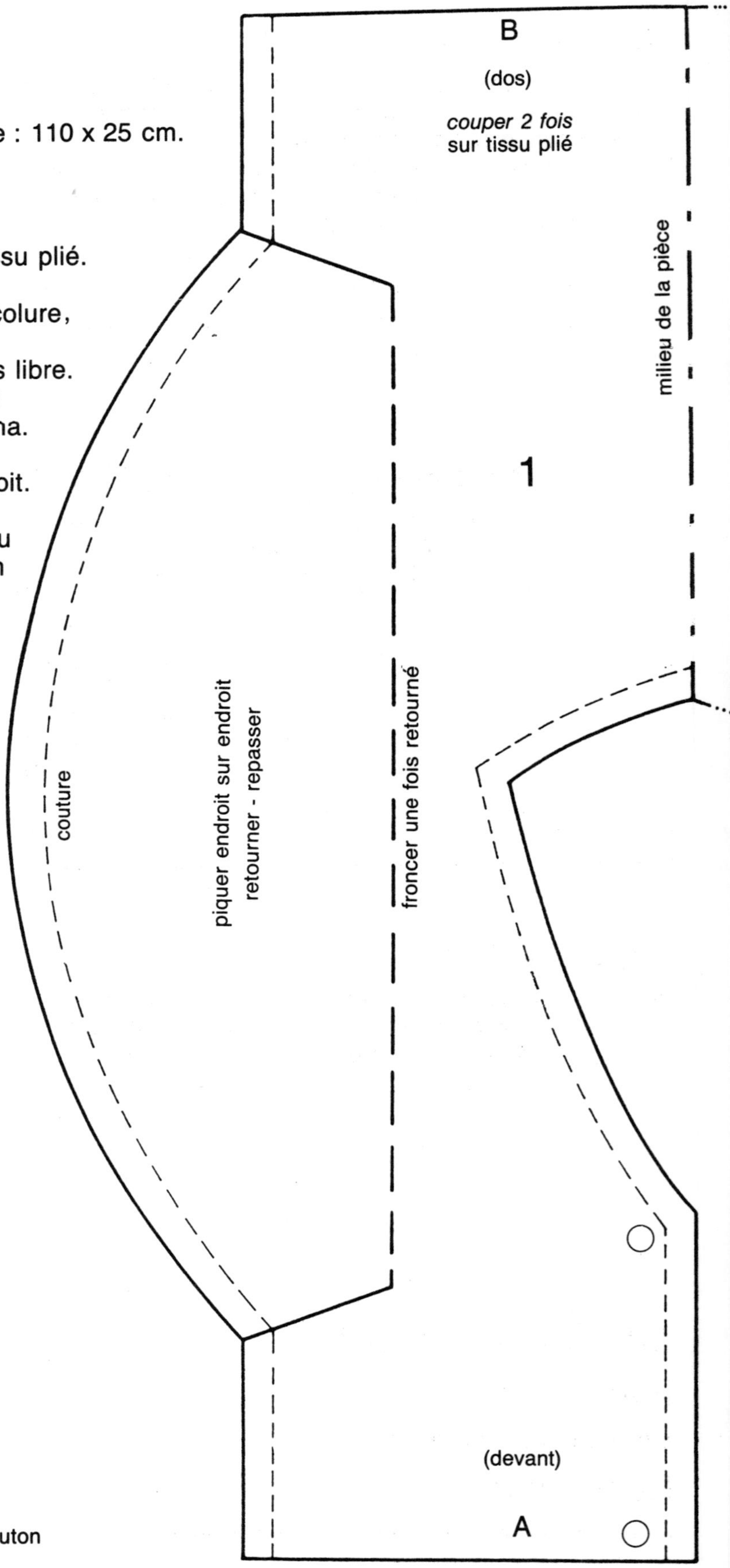

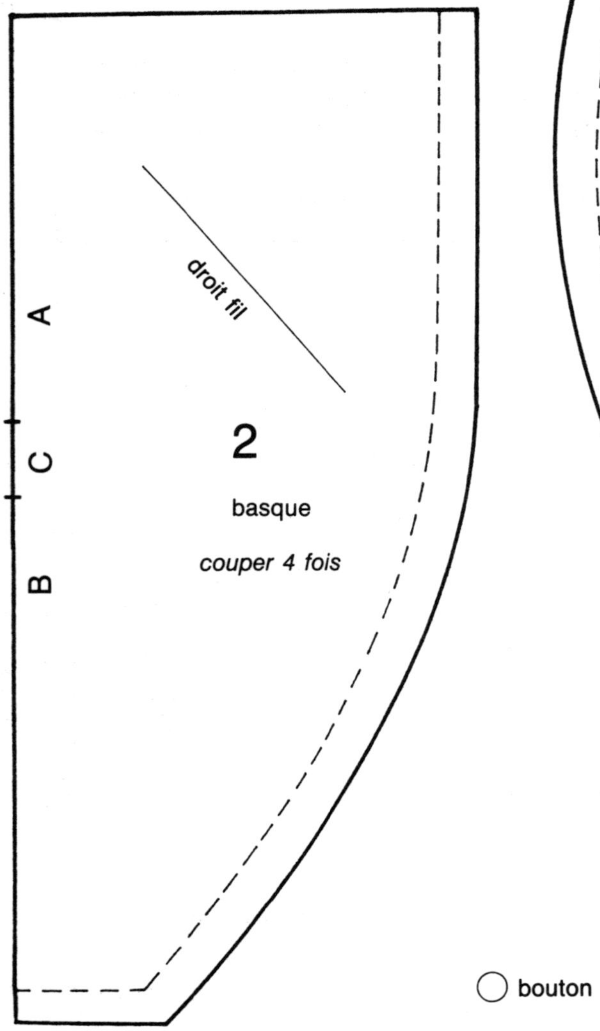

« Premiers frimas »

Avant de couper bien faire attention au sens du velours.

Fournitures

Pour l'ensemble de tous les modèles présentés.
Velours : 50 × 90 cm
Doublure : 50 × 90 cm

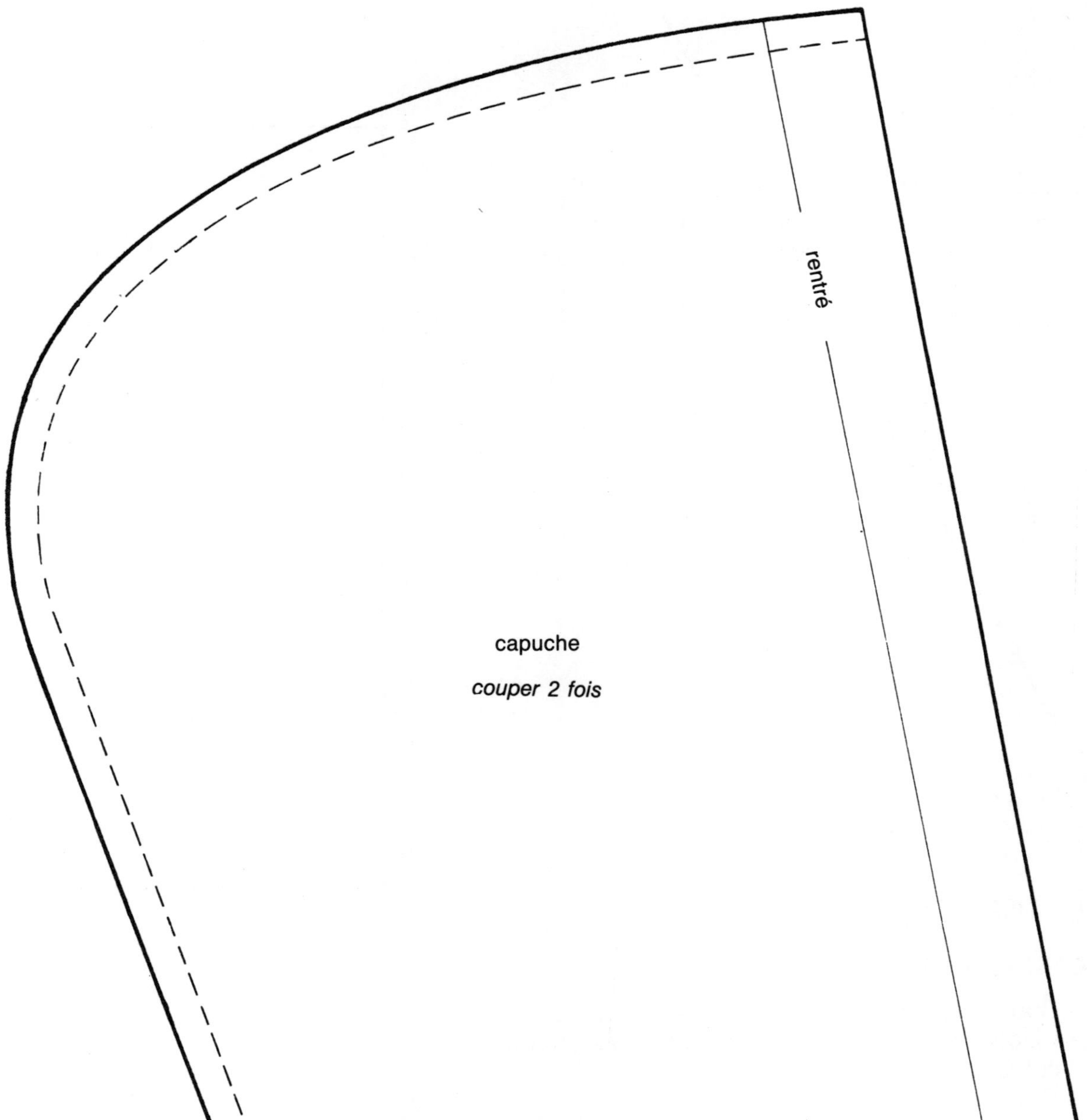

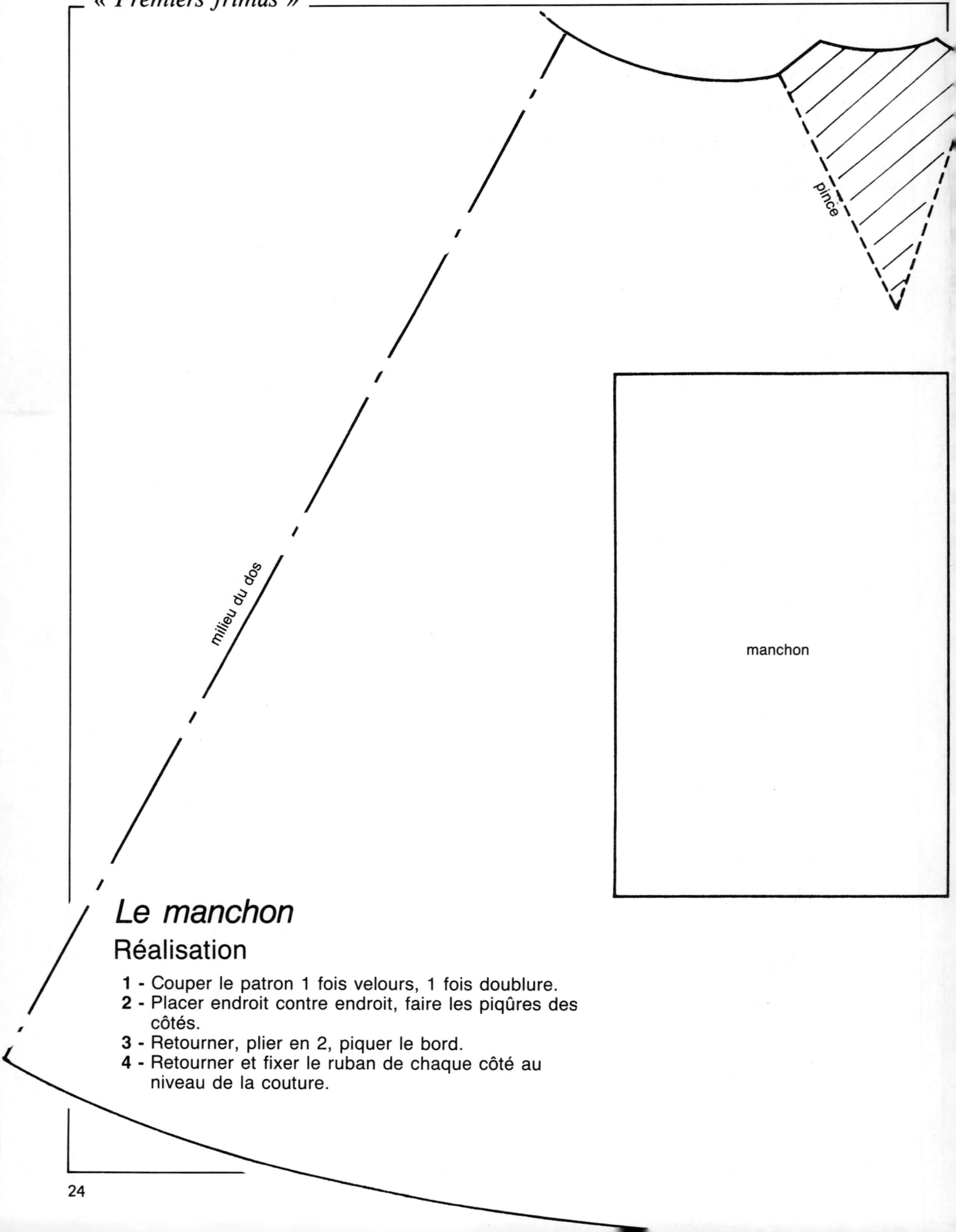

Le manchon

Réalisation

1 - Couper le patron 1 fois velours, 1 fois doublure.
2 - Placer endroit contre endroit, faire les piqûres des côtés.
3 - Retourner, plier en 2, piquer le bord.
4 - Retourner et fixer le ruban de chaque côté au niveau de la couture.

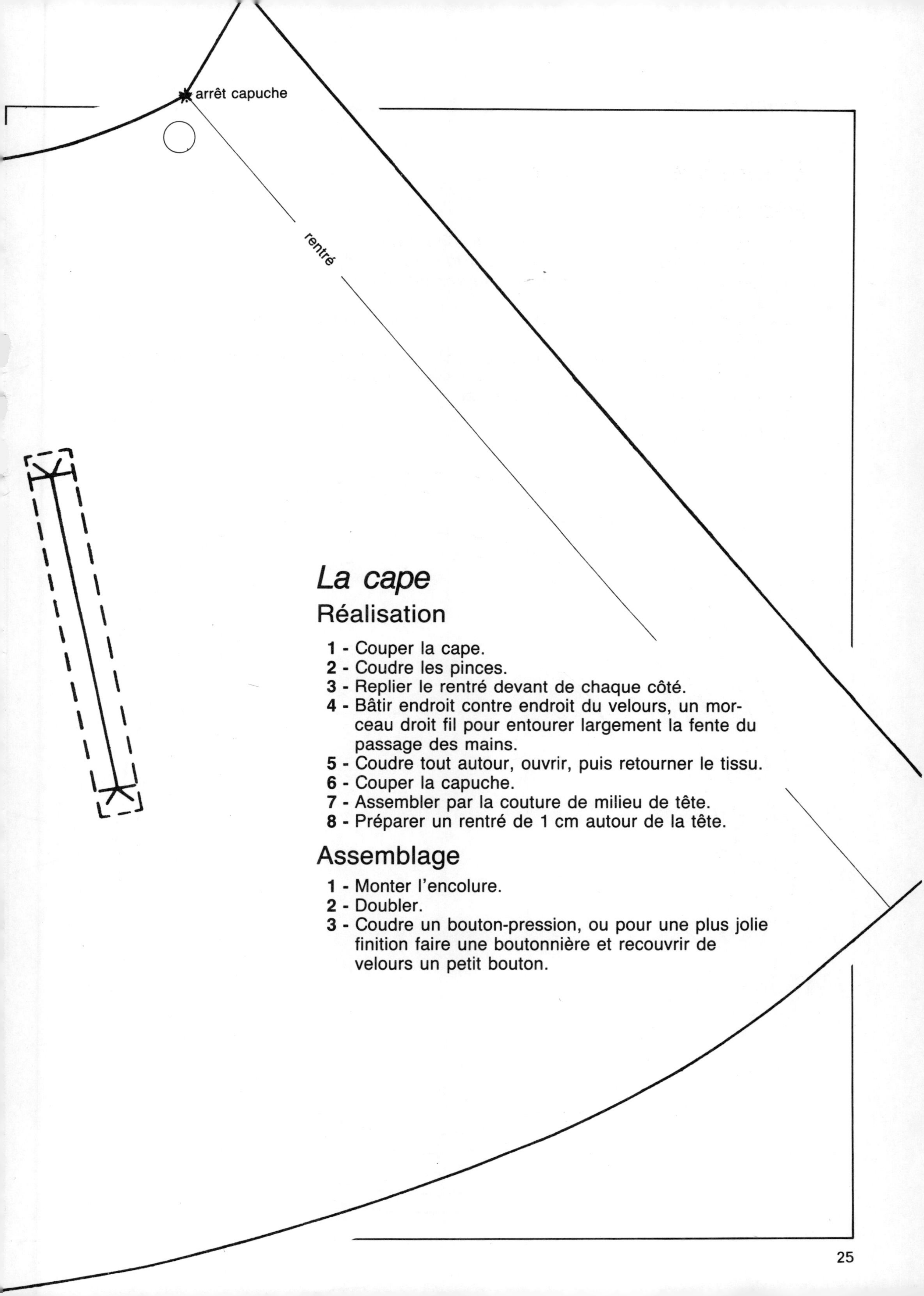

La cape

Réalisation

1 - Couper la cape.
2 - Coudre les pinces.
3 - Replier le rentré devant de chaque côté.
4 - Bâtir endroit contre endroit du velours, un morceau droit fil pour entourer largement la fente du passage des mains.
5 - Coudre tout autour, ouvrir, puis retourner le tissu.
6 - Couper la capuche.
7 - Assembler par la couture de milieu de tête.
8 - Préparer un rentré de 1 cm autour de la tête.

Assemblage

1 - Monter l'encolure.
2 - Doubler.
3 - Coudre un bouton-pression, ou pour une plus jolie finition faire une boutonnière et recouvrir de velours un petit bouton.

L'aumônière

Réalisation

1 - Couper le patron 1 fois velours, 1 fois doublure.
2 - Placer endroit contre endroit, piquer tout autour.
3 - Retirer au centre de la doublure, un rond de 2 cm pour permettre de retourner à l'endroit.
4 - Coudre sur ce rond une fois retourné, un petit morceau de simili cuir pour donner la forme du fond.
5 - Passer un fil de coton perlé au point de devant, puis un second juste au dessous en commençant à l'autre extrémité, suivant le dessin.
6 - Tirer les fils de chaque côté et nouer.
7 - Placer un pompon au dessous.
8 - Faire une cordelière.

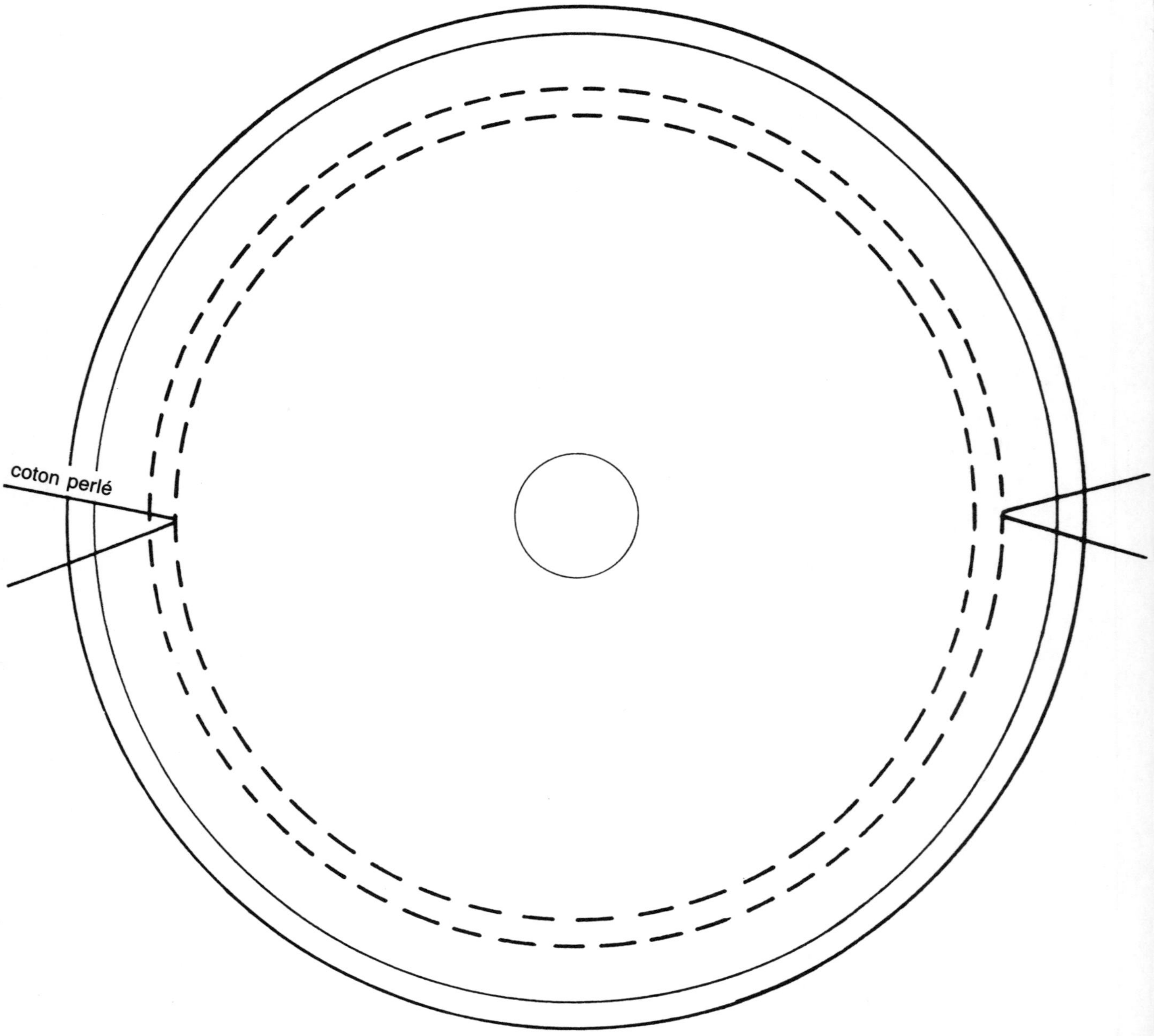

« A la campagne »

Le corsage blanc

Fournitures

Tissu blanc au choix 50 x 25 cm.
Biais blanc 30 cm.
Croquet 50 cm.

Réalisation

1 - Assembler : côtés, épaules en A.
2 - Monter les manches en B.
3 - Rajouter un bande de 4 cm en bas des manches, la monter comme un poignet sans la maintenir.
4 -Piquer le croquet au bord, puis passer un élastique.
5 - Préparer un rentré de 1,8 cm de chaque côté des devants.
6 - Coudre un biais autour de l'encolure.
7 - Piquer le croquet dessus.
8 - Faire un ourlet de 2 cm en bas.
9 - Faire une boutonnière et coudre un bouton ou mettre une pression.

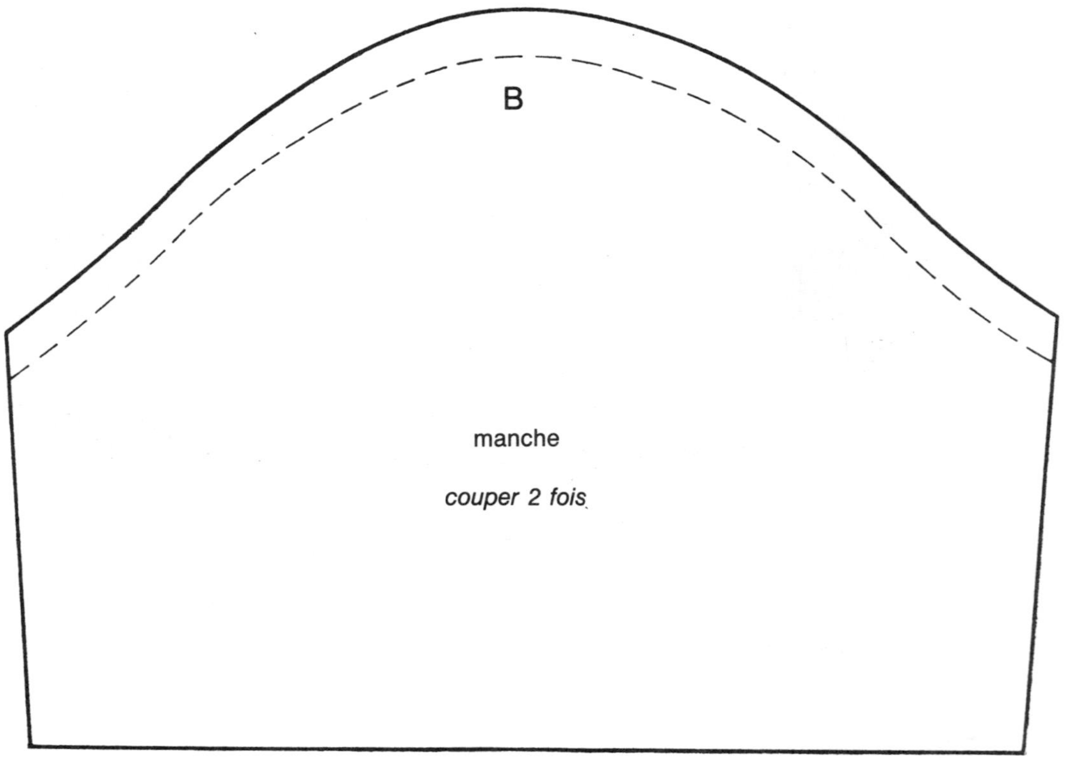

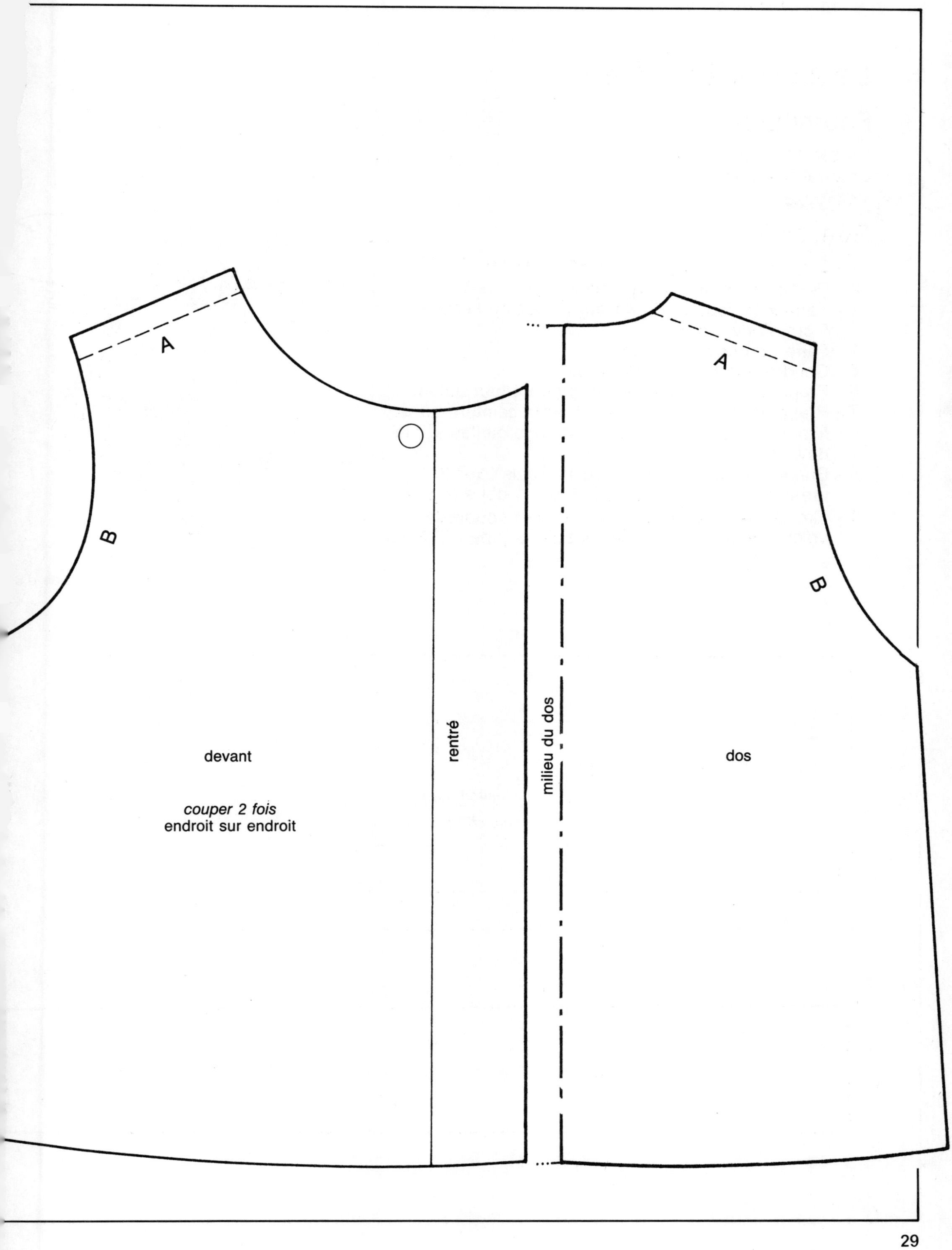
A
B
devant
couper 2 fois
endroit sur endroit
rentré
milieu du dos
A
B
dos

La jupe à bretelles

Fournitures

Grosse toile 25 x 75 cm.
Croquet blanc 75 cm.
Velcro.

Réalisation

1 - Couper un rectangle de grosse toile de 21 × 71 cm.
2 - Préparer les plis suivant schéma.
3 - Fermer la couture du milieu du dos en laissant 5 cm d'ouverture.
4 - Faire un ourlet sur 3 cm.
5 - Coudre une bande à la taille.
6 - Préparer les bretelles en surpiquant tout autour.
7 - Préparer ensuite la 2e bande de la ceinture en la fixant sur la 1ere et en glissant les bretelles sur le devant.
8 - Surpiquer tout le tour du bustier puis fixer 2 pressions dessus, 1 dans le haut, 1 dans le bas.
9 - Croiser, les bretelles dans le dos et coudre le velcro, puis le croquet au bas de la jupe à 2,5 cm.

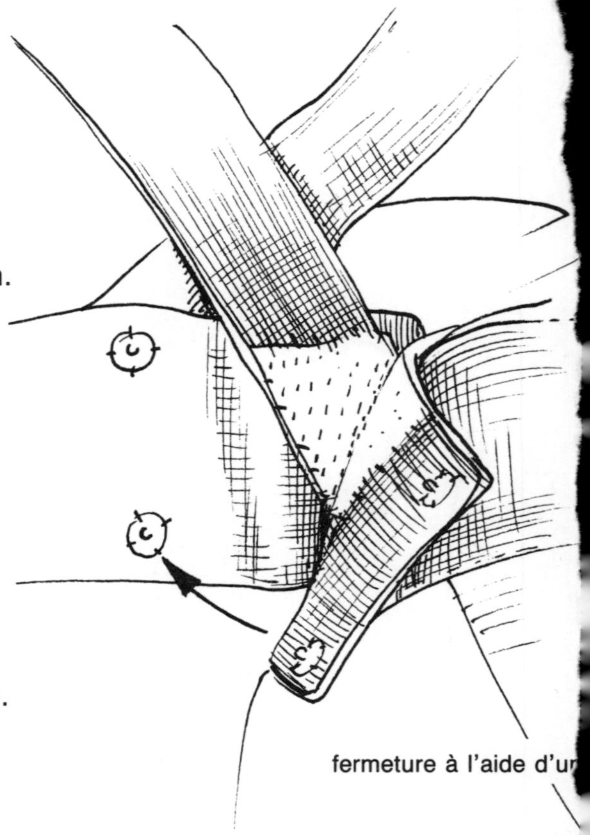
fermeture à l'aide d'u

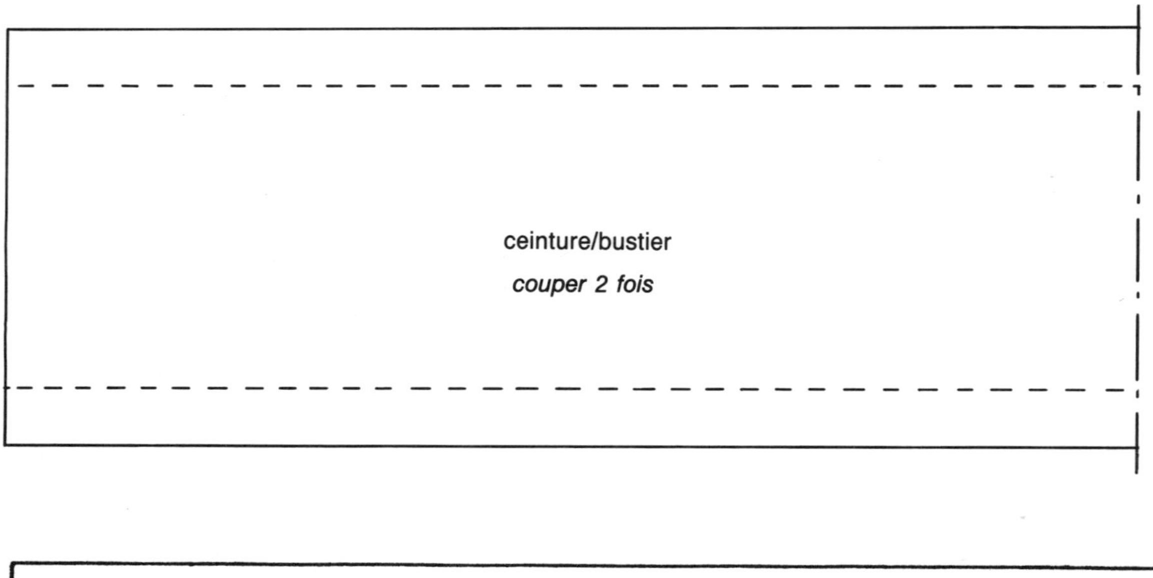

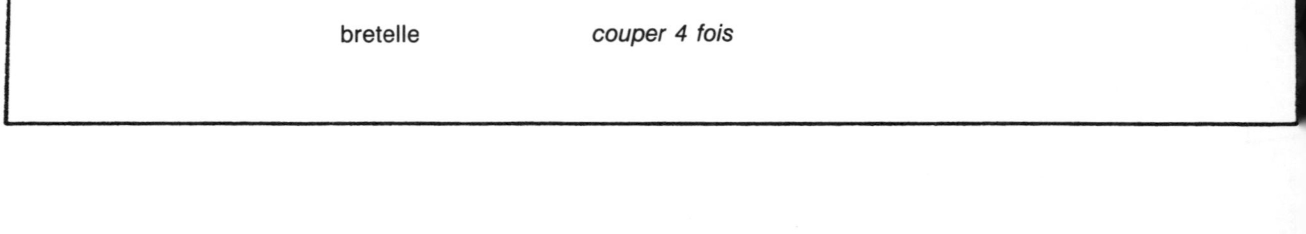

Le tablier à bavette

Fournitures

Coton léger : 55 x 47 cm.

Réalisation

Couper :
1 rectangle de 17 × 32 cm pour le tablier.
2 rectangles de 4 × 32 cm pour la ceinture.
2 rectangles de 4,5 × 28 cm pour les nœuds de la ceinture.
4 bandes de 3 × 45 cm pour les volants.

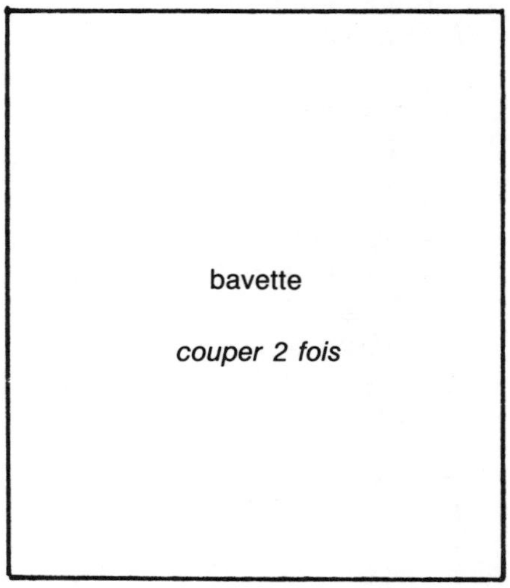

1 - Ourler les 3 côtés du tablier.
2 - Passer un fil de fronce à la taille.
3 - Répartir les fronces sur 14 cm.
4 - Coudre une bande de ceinture.
5 - Préparer les volants : coudre 1 côté, retourner, faire un petit rentré de l'autre côté, le coudre sur l'endroit par un fil fronceur.
6 - Glisser les volants froncés de chaque côté de la bavette, et entrer l'ensemble dans le haut de la ceinture.
7 - Surpiquer la bavette, rajouter les extrémités de la ceinture en terminant celle-ci en pointes opposées, et surpiquer tout le tour.
8 - Replier le bout des volants de manière à faire un passant pour la ceinture.

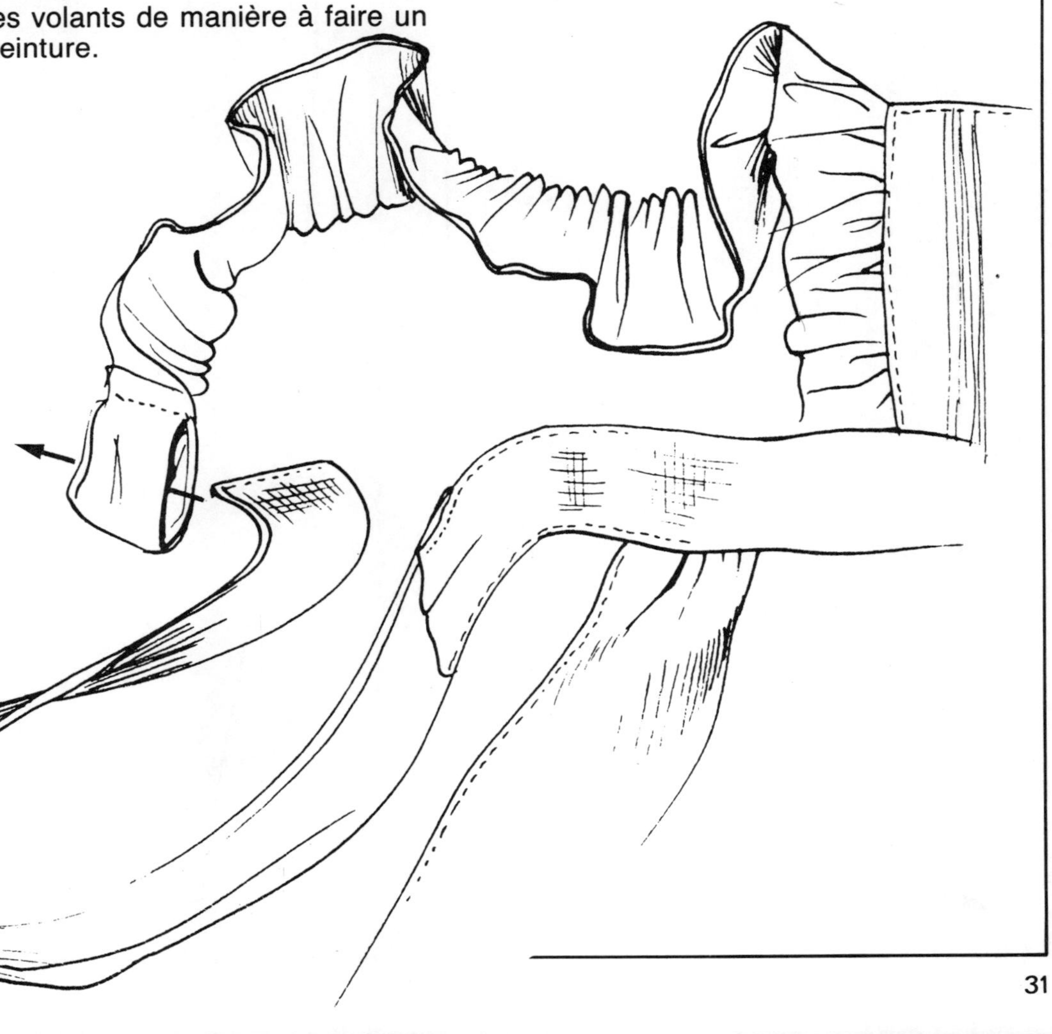

La coiffe

Fournitures

Percale blanche : 50 x 90 cm.
Volant plissé 100 cm.

Réalisation

1 - Assembler les 2 fonds par un fil à froncer.
2 - Retourner, tirer le fil et répartir les fronces.
3 - Assembler la bande.
4 - Faire un petit rentré tout autour du bord de la coiffe.
5 - Piquer le volant à l'intérieur « bord de tête » en A, puis en bas en le laissant dépasser de moitié.
6 - Retourner complètement le volant sur l'endroit entre les 2 coutures du fond de la coiffe et maintenir sur chaque couture par un point.

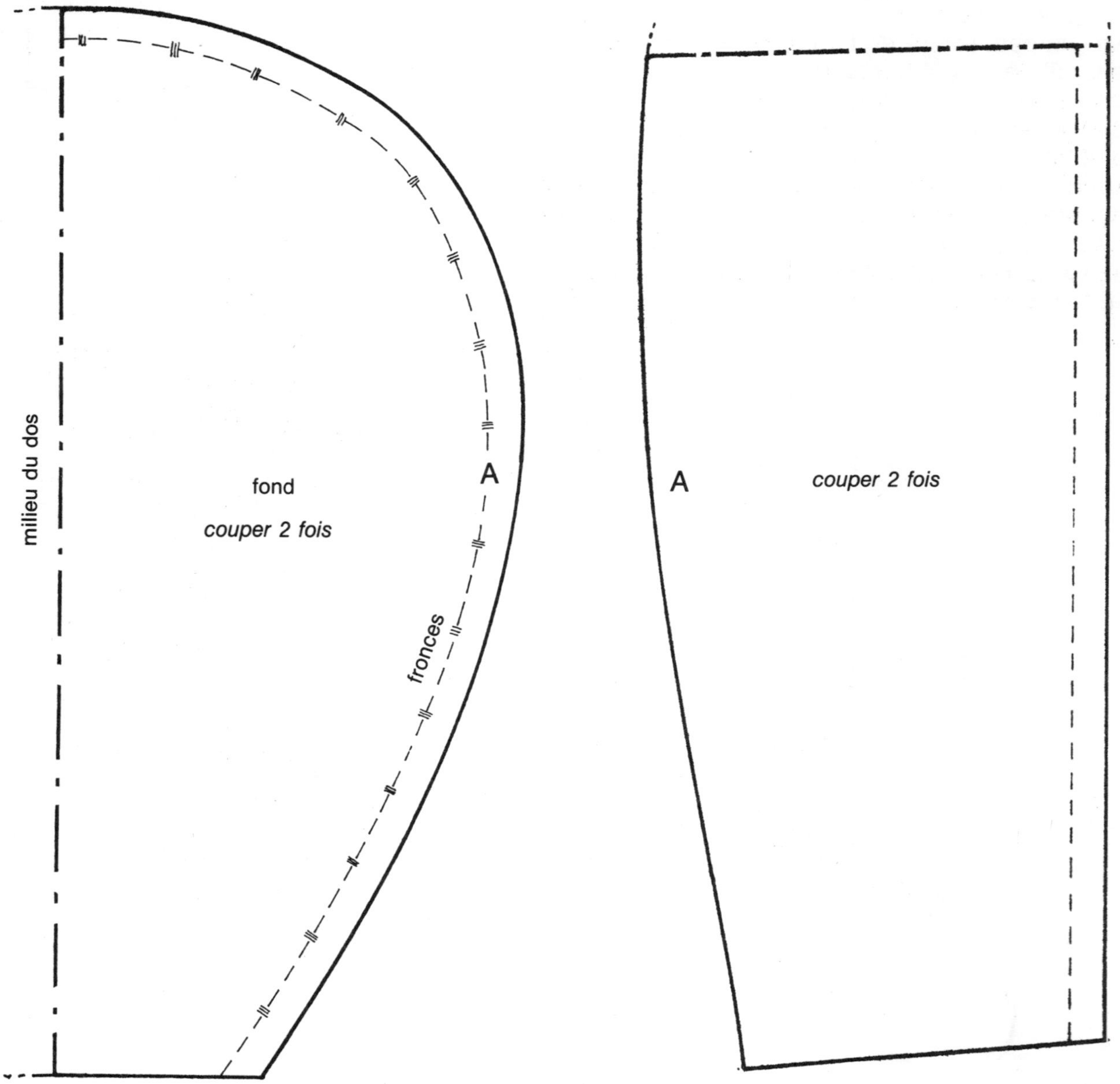